# Evitando el Karma
## Una Guía para Asegurar la Ascensión Personal

de
# Guy Steven Needler
Traducido por
Alejandra Araiza Calahorra

©2014 Guy Steven Needler
Traducción en español: 2025
Todos los derechos reservados. Ninguna parte de este libro, en su totalidad o en parte, puede ser reproducida, transmitida o utilizada en cualquier forma o por cualquier medio, electrónico, fotográfico o mecánico, incluyendo fotocopias, grabaciones, o por cualquier sistema de almacenamiento y recuperación de información sin el permiso por escrito de Ozark Mountain Publishing, Inc. excepto para breves citas incorporadas en artículos literarios y reseñas.

Para obtener permiso, serialización, condensación, adaptaciones, o para nuestro catálogo de otras publicaciones, escriba a Ozark Mountain Publishing, Inc., P.O. Box 754, Huntsville, AR 72740, ATTN: Departamento de Permisos.

**Datos de catalogación de la Biblioteca del Congreso**
Guy Steven Needler - 1961
*Evitando el Karma: Una Guía para Asegurar la Ascensión Personal de Guy Steven Needler*
    Métodos para evitar crear Karma para asistir en el desarrollo espiritual de uno mismo.
1. Karma  2. Crecimiento Espiritual 3. Metafísica
I. Needler, Guy Steven, 1961 II. Karma III. Título

Número de Tarjeta de la Biblioteca del Congreso: 2025949954
ISBN: 978-962858-91-5

Diseño de la Portada: w w w . noir33.com & Travis Garrison
Traducido por Alejandra Araiza Calahorra
Libro en: Times New Roman
Diseño del Libro : Nicklaus Pund
Publicado por:

P.O. Box 754
Huntsville, AR 72740
800-935-0045 or 479-738-2348 fax: 479-738-2448
WWW.OZARKMT.COM
Impreso en los Estados Unidos de América

Para mi querida esposa

Anne Elizabeth Milner

ahora "Ascendida"

(10 Abril 1957 – 24 Diciembre 2012)

# *Contenido*

| | |
|---|---|
| Introducción | i |
| Reaccionar ante las burlas | 1 |
| Cuidado con la realidad digital | 1 |
| Poseer solo lo que necesitamos | 2 |
| Amar a nuestros enemigos, porque somos uno | 2 |
| Estar al servicio | 3 |
| Definir nuestra motivación | 3 |
| Evitar los chismes | 4 |
| Evitar el juicio | 5 |
| Elegir cuidadosamente a nuestros amigos | 5 |
| Conspirar para ganar falsos amigos | 6 |
| Buscar favores, una forma de colusión | 6 |
| Ser conscientes de las adicciones automáticas | 7 |
| Detectar las adicciones menores | 8 |
| Ser adicto al sexo | 8 |
| Discernir los miedos | 9 |
| Elegir el amor | 9 |
| Mantener la calma | 10 |
| Pensar antes de responder | 11 |
| Comulgar con Dios para crear el cielo | 12 |
| Ser feliz y amable | 13 |
| Asumir nuestras responsabilidades | 14 |
| Permitir que los demás tengan sus propias Creencias | 15 |
| Elegir nuestros hábitos sabiamente | 15 |
| Cumplir con nuestros compromisos | 16 |
| Ejercer el cuidado | 17 |
| Ser conscientes | 18 |
| Ver la luz en todos | 18 |
| Seguir los diez mandamientos de la Entidad Fuente | 19 |
| Practicar la paciencia | 23 |
| No tener expectativas de recompensa | 23 |
| No anticipar nada | 24 |
| Aceptar la providencia divina en todas las Situaciones | 25 |

| | |
|---|---|
| Reconocer las situaciones como oportunidades para evolucionar | 25 |
| Aceptar la frustración | 26 |
| Ser impaciente, precursor de la frustración | 27 |
| Sentirse insatisfecho e impaciente | 28 |
| Experimentar la satisfacción como un arma de doble filo | 29 |
| Ofrecer amor incondicional | 30 |
| Compartir bondad | 30 |
| Perpetuando el karma | 31 |
| Evitar una mentalidad competitiva | 31 |
| Ser complaciente con la complacencia | 32 |
| Aceptarlo todo | 33 |
| Aprender mediante la observación | 33 |
| Compararnos con los demás | 34 |
| Vivir como custodios transitorios | 35 |
| Desconectando lo físico del ser energético | 35 |
| Estar atentos a las sensaciones adictivas | 36 |
| Usar el deseo con cuidado | 37 |
| Estar en deuda | 38 |
| Sentimiento de traición | 39 |
| Aceptar en lugar de resentirse | 40 |
| Negarse a ignorar una petición de ayuda | 41 |
| Sintonizar con los demás | 42 |
| Vivir un día a la vez | 43 |
| Respetar nuestro entorno y a nosotros mismos | 44 |
| Ser un buen ejemplo espiritual | 45 |
| Ser fieles a nosotros mismos | 46 |
| Erradicar la duda sobre uno mismo | 47 |
| Pensamientos Limitantes | 48 |
| Atraer frecuencias más bajas a través de los celos | 49 |
| Mantener un cuerpo físico sano | 50 |
| Practicando lo que predicamos sobre el "buen vivir" | 51 |
| Examinando el sentido de unidad | 51 |
| Estar en deuda con otra persona | 52 |
| Creando karma autogenerado | 53 |
| Estar en el miedo | 54 |

| | |
|---|---|
| Generar karma debido al aburrimiento | 55 |
| Evitar la coerción | 56 |
| Repartir la culpa entre los demás | 57 |
| Utilizar a los demás para beneficio propio | 58 |
| Cometer un delito | 59 |
| Causar daño físico | 60 |
| Dañar el cuerpo de un animal | 61 |
| Dañar la flora | 62 |
| Desperdiciar los recursos naturales | 63 |
| Hacer comparaciones | 64 |
| Quejarse: una intoxicación de baja frecuencia | 65 |
| La necesidad de tener el control | 66 |
| Comparar y contrastar | 67 |
| Atraer karma positivo a través de la alegría | 68 |
| Ser feliz | 69 |
| Estar en el amor verdadero | 70 |
| Cometer suicidio | 72 |
| Reconocer el karma instantáneo | 73 |
| Elegir a nuestros amigos | 74 |
| Evitar el apego | 75 |
| Estar en el Amor Divino | 76 |
| Lograr el desapego | 77 |
| Sentir el Amor Divino | 78 |
| Alineándonos con el conocimiento divino | 79 |
| Acumulación de karma retrospectivo | 80 |
| Existir en una esfera de dos años | 81 |
| Reconocer acciones/reacciones anteriores | 83 |
| Evitar el karma cíclico | 84 |
| Estar en duelo | 85 |
| Vivir en el pasado | 86 |
| Estar agradecidos | 87 |
| Ser conscientes | 88 |
| Obtener una apreciación consciente | 89 |
| Observar los detalles | 89 |
| Equilibrando nuestras experiencias | 90 |
| Sonreír ante la adversidad | 92 |
| Recordar: la clave para evitar el karma | 92 |

Palabras de sabiduría de la Entidad Fuente para
evitar el karma  93
Ecuación Mental de la Fisicalidad a lo
energético/superconsciente  106
Acerca del auto  107

# Introducción

La información contenida en este libro, que me ha sido proporcionada por la Entidad Fuente, está diseñada específicamente para hacernos pensar, queridos lectores, y así, hacernos cambiar nuestros hábitos, reconocer quiénes y qué somos realmente, y salir de nuestro letargo encarnado y ascender.

Sin embargo, para ello debemos estar alerta.

No es un libro extenso; no estaba destinado a serlo. Tiene menos de 120 páginas y se puede leer fácilmente en un día. Sin embargo, les insto a que no lo hagan. Les pido que lean cada extracto por separado y trabajen con él lo mejor que puedan. Absorban lo que se les presenta y libérense de las limitaciones de lo físico, sacudiéndose el karma y ascendiendo en el proceso. Lea un máximo de dos extractos a la semana y comprométanse personalmente a seguir lo que se les presenta. O, mejor aún, lea uno a la semana y sea firme en la aplicación de los consejos. Observe su rendimiento y haga las correcciones necesarias, haciéndolo con amor en su corazón y predicando con el ejemplo.

El amor trasciende el karma; se trata del multiverso.

El karma es solo una función del universo físico, y nuestro verdadero ser energético, cuando se siente atraído por las frecuencias más bajas asociadas al universo físico, se vincula a él. De ahí la necesidad de volver a él para romper el vínculo, para romper el ciclo kármico. Una vez roto el vínculo con lo físico, la necesidad de encarnarse ya no es necesaria, y el verdadero ser energético puede ascender las frecuencias y evolucionar en el proceso sin necesidad de volver a experimentar nunca más esas frecuencias más bajas asociadas con el universo físico.

El amor propio y el amor a los demás es, por lo tanto, una clave para la ascensión, y cuando uno haya terminado este libro, estará "enamorado", "en ascensión", evitando el karma en el proceso.

Guy Steven Needler
1º de Febrero de 2013

## *Reaccionar ante las burlas*

La primera etapa para evitar el karma es no reaccionar ante las burlas y comentarios sarcásticos de aquellos con quienes interactuamos, sino verlos como seres que, al igual que nosotros, se encuentran en un camino evolutivo. Al buscar el significado más profundo detrás de las palabras y acciones del acusador, debemos ser observadores tolerantes y benevolentes, comprender la experiencia de las lecciones que nos ofrecen y reaccionar con compasión y agradecimiento. De esta manera, evolucionamos en el proceso.

## *Cuidado con la realidad digital*

El karma es una función de atracción hacia lo físico y también funciona en/con nuestra interacción con la realidad digital, ya que es una función de lo físico. Como tal, también es una adicción potencial, que sirve para anclarnos a lo físico.

## *Poseer solo lo que necesitamos*

Se nos recuerda que debemos fijarnos en lo que necesitamos en la vida frente a lo que queremos en la vida. Si nuestras necesidades son menores que nuestros deseos, entonces tenemos el potencial de acumular las frecuencias más bajas o el karma asociado con la atracción por la posesión de bienes materiales. Esta es una función del karma, que nunca se satisface, ya que cuanto más tenemos, más parece que queremos.

## *Amar a nuestros enemigos, porque somos uno*

Amar a nuestros enemigos es amarnos a nosotros mismos, porque nuestros enemigos son nuestro "yo". Reconocer el hecho de que todos somos "uno" y uno con Dios elimina la necesidad de identificar a los demás como nuestros enemigos. ¿Cómo pueden las personas ser realmente nuestros enemigos cuando son solo otra parte de nosotros? Reconocer esta realidad y actuar en consecuencia es la forma más poderosa de evitar el karma.

## *Estar al servicio*

Estamos aquí para servir a quienes necesitan ayuda y lo hacemos de manera desinteresada, sin esperar recompensa alguna. Estar al servicio en general crea karma positivo (atracción hacia las frecuencias más elevadas), pero debemos tener cuidado de no caer en la mentalidad que sugiere que seremos recompensados en algún momento, ya que esto crea karma negativo (atracción hacia las frecuencias más bajas).

## *Definiendo nuestra motivación*

Es necesario tomar distancia y considerar la motivación que hay detrás de nuestras acciones. ¿Nos motiva la necesidad o la codicia? ¿El servicio o el egoísmo? Cualquier acción basada en motivaciones físicas atrae karma negativo.

## Evitar los chismes

Cuando evitamos dejarnos arrastrar por los chismes o iniciarlos, estamos utilizando nuestro buen juicio. Los chismes son la forma más eficaz de acumular el karma negativo que experimenta la humanidad.

Los chismes son un pasatiempo especialmente insidioso, ya que nos arrastran a las energías de baja frecuencia de otra persona, lo que aumenta eficazmente la energía de esa persona. A medida que más personas se unen al "chisme", el líder del chisme se convierte en el centro de un colectivo creado por energías que suelen centrarse en la burla de otra persona. Se trata de la creación de un colectivo y sus efectos sinérgicos por motivos equivocados. Esto nos vincula eficazmente, como miembros del colectivo, a un sumidero de energía que crea una mentalidad "superpuesta" que elude nuestra [mentalidad/pensamiento] personal y destruye nuestro libre albedrío.

El antídoto es no involucrarnos en los chismes afinando nuestro "yo observador", una herramienta de observación que nos permite mirar desde la perspectiva de un extraño a esas discusiones. Si nos vemos a nosotros mismos ya involucrados en los chismes, es hora de decir que no tenemos más comentarios y alejarnos.

## Rechazar el juicio

El juicio, tanto individual como colectivo, es una función del chisme y, por lo tanto, proporciona un camino claro y directo hacia una existencia de baja frecuencia, creando una espiral descendente en cuanto a la frecuencia.

Por lo tanto, el juicio es algo en lo que nunca debemos entrar, ya que es una función de la percepción personalizada de los procesos que llevaron a una determinada posición, pero no los reales que conducen al "hecho" y no al "juicio".

## Elegir cuidadosamente a nuestros amigos

Es sabio estar alegres y rodearnos de personas afines mientras estamos encarnados. Debemos evitar a aquellos que nos arrastran hacia abajo incitándonos a participar en acciones de baja frecuencia.

## *Conspirar para ganar falsos amigos*

Una forma más insidiosa de karma puede observarse en la necesidad de conspirar. La conspiración es lo que hacemos cuando buscamos el favor de otros para formar parte de "el" equipo, "el" grupo, o para estar con alguien influyente cuya asociación, creemos, nos beneficiará de alguna manera social, empresarial o egoísta, dándonos así una "ventaja".

La necesidad de conspirar está basada, por lo tanto, en deseos físicos y, como tal, atrae aquellas frecuencias más bajas asociadas con los aspectos más sutiles de la existencia física.

## *Buscar favores, una forma de colusión*

Buscar favores de otra persona es una forma de colusión y da lugar a la expectativa de obtener un beneficio personal a cambio del favor. Cuando buscamos favores, SIEMPRE esperamos obtener algún tipo de recompensa a cambio, y cuando no la obtenemos, nos sentimos decepcionados, pensamos negativamente y tenemos sentimientos de traición. Cuando pedimos y recibimos un favor, estamos en "deuda de favor" con la persona que nos lo concede. Esto da lugar a una anticipación negativa de cuál podría ser el favor solicitado y de si podemos satisfacer dicha solicitud según las expectativas del solicitante. Como resultado, el favor devuelto es siempre mayor que el concedido inicialmente.

Por lo tanto, no debemos buscar favores, sino dar libremente como un regalo lo que se nos pide. Así, no debemos esperar nada a cambio, excepto el amor de Dios, porque la recompensa del reconocimiento de ese posible bucle kármico se ha roto.

## Ser conscientes de las adicciones automáticas

Es importante que tomemos distancia y observemos lo que hacemos a diario y de forma automática.

¿Cuánto de lo que hacemos es necesario para sobrevivir? ¿Cuánto es una adicción al "placer" físico basada en una acción/respuesta automática? Si renunciamos a nuestras adicciones, perderemos el karma generado automáticamente.

## *Detectar las adicciones menores*

Es necesario ser consciente de las adicciones menores, especialmente aquellas que podemos considerar más una preferencia que una adicción. Las adicciones de cualquier tipo son un vínculo constante con las bajas frecuencias. Las adicciones menores son insidiosas e invisibles para todos, excepto para los buscadores de la verdad más vigilantes.

## *Ser adicto al sexo*

Practicar sexo con fines reproductivos es tanto una necesidad como un placer. Sin embargo, practicar sexo con fines recreativos puede llevarnos por el camino de la adicción a la sensación física asociada al sexo, que es una función de baja frecuencia.

## Discernir los miedos

Cuando observamos nuestros miedos, es importante fijarnos en dónde tienen su origen. ¿Tienen que ver con el trabajo, las relaciones, las posesiones, la apariencia, la credibilidad personal o el dinero? Todos ellos son miedos que se basan en el entorno físico y a los que no prestaríamos ninguna atención en el ámbito energético. Si no prestamos atención a estos u otros tipos de miedos en el plano energético, ¿por qué deberíamos prestarles atención mientras estamos encarnados? El miedo es un producto de estar en las frecuencias más bajas asociadas con la existencia encarnada.

## Elegir el amor

El amor es el antídoto contra el karma, por lo que debemos:

- Amar a Dios;
- Amar a nuestros vecinos;
- Amar a nuestros enemigos.
- Amar a nuestras parejas/esposos;

# Evitando el Karma

- Amarnos a nosotros mismos;
- Amar nuestros errores;
- Amar nuestros éxitos;
- Amar nuestras experiencias actuales;
- Amar nuestro planeta;
- Amar a nuestros maestros; y
- Amar aquello que se nos presenta para ofrecernos experiencia, aprendizaje y evolución.

Si amamos todas estas cosas sin reservas, ¡seguramente evitaremos el karma de por vida!

## *Mantener la calma*

Es muy importante mantener una actitud tranquila y abordar todo lo que hacemos con calma y serenidad, independientemente del entorno en el que nos encontremos. Cuando nos enfrentamos a condiciones adversas, es fácil que nos veamos envueltos en ellas y nos dejemos arrastrar por las bajas frecuencias que las han creado.

Al mantener la calma, somos capaces de elevarnos por encima del drama, permanecer imperturbables y lograr una respuesta eficaz mientras nos mantenemos en las frecuencias altas. De esta manera, podemos trabajar con lo físico mientras estamos "en" lo físico sin ser "de" lo físico. Por lo tanto, la calma es un estado mental que desvía la oportunidad de ganar contenido kármico a través de la respuesta espontánea.

Mantener la calma en todas las situaciones hace que nuestro "yo observador" entre en acción. Esto garantiza que se tenga en cuenta el panorama general y nos permite responder de manera respetuosa, reflexiva y consciente. Por lo tanto, debemos esforzarnos por mantener la calma en todo momento.

*Pensar antes de responder*

Es una buena práctica, nada más despertarnos por la mañana, pensar en lo que podemos hacer para evitar atraer las energías de baja frecuencia que llamamos karma.

Evitar conscientemente el karma requiere mucha práctica hasta que se consigue de forma automática. Si pensamos en todo lo que hacemos o estamos a punto de hacer teniendo en cuenta la posibilidad de acumular karma y luego pensamos en cómo podemos evitarlo, avanzaremos en la conciencia de cómo hacer que esta práctica sea una parte habitual de nuestras vidas.

Una vez que hayamos establecido respuestas "a prueba de karma", podremos actuar, hablar y reaccionar de esa manera, en lugar de nuestras respuestas y reacciones instantáneas y "espontáneas" anteriores. Una vez que nos acostumbremos a reaccionar y actuar de una manera a prueba de karma, con el tiempo notaremos que nos estamos volviendo "más ligeros". Esta es la prueba de que estamos atrayendo energías de mayor frecuencia, acumulando karma positivo y acelerando nuestro proceso evolutivo.

*Comulgar con Dios para crear el cielo*

Cuando estamos en el plano energético, somos totalmente libres y tenemos comunicación instantánea con nuestros semejantes y nuestro Creador. No tenemos limitaciones ni estamos obstaculizados por un cuerpo físico, ya que entonces nos encontramos en nuestro entorno normal de alta frecuencia y dimensión.

Cuando estamos encarnados, estamos atrapados en cuerpos extremadamente limitados y lentos que se deterioran, cortan nuestra comunicación con nuestros compañeros energéticos y nuestro Creador, y estamos sujetos al dolor, la incomodidad, las dolencias y las enfermedades. En comparación con nuestro entorno energético normal, es un infierno. Sin embargo, podemos aliviar el nivel de experiencia infernal esforzándonos por comunicarnos con el resto de nosotros que todavía está en el plano energético con nuestro Creador, nuestra Entidad Fuente, nuestro Dios.

Al comunicarnos con Dios y con nuestro verdadero ser mientras estamos encarnados, así como al vivir de una manera que no atraiga las frecuencias más bajas asociadas con lo físico (karma), podemos experimentar de alguna manera limitada lo que experimentamos mientras estamos en lo energético, lo que podemos referirnos como "el cielo". Por lo tanto, a través de una vida correcta y una meditación dedicada, podemos crear el "cielo" en la Tierra. Si no lo hacemos y vamos en contra de esta forma de vida, ¡podemos crear y creamos nuestro propio infierno en la Tierra!

## Ser feliz y amable

Es fácil sonreír siempre cuando recordamos nuestro conocimiento de la realidad superior. Decir "buenos días" a los demás, responder siempre de manera positiva, abrir la puerta a la persona que viene detrás de nosotros y dejar que otra persona ocupe nuestro lugar de estacionamiento o se incorpore a la fila delante de nosotros es una parte natural de ese recuerdo. ¿Por qué no íbamos a ayudar a quienes lo necesitan, a acompañar a quienes necesitan cruzar la calle y a adquirir el hábito de ser amables y hacer "cosas buenas"?

Estas pequeñas cosas aumentan nuestras frecuencias, así como las frecuencias de quienes nos rodean. Al hacer estas pequeñas cosas, disminuimos nuestras oportunidades de acumular las frecuencias más bajas asociadas con el karma, no solo para nosotros, sino para todos los demás. Esto en sí mismo es una gran bondad y un servicio aún mayor, ya que aumenta la alegría en el mundo.

## Asumir nuestras responsabilidades

El hecho de que seamos buscadores de la verdad, conozcamos la realidad superior y comuniquemos con Dios a diario no significa que podamos ignorar nuestros roles y responsabilidades mientras estamos en el plano físico. Planificamos estas responsabilidades como parte de nuestras experiencias, nuestro aprendizaje y nuestra evolución. Ignorarlas significa que nuestra encarnación carece de sentido y dará lugar a karma, con la necesidad de encarnarnos de nuevo para cumplir las experiencias establecidas en nuestro plan anterior.

Estamos aquí para conocer la realidad superior, para conocer a Dios y para cumplir con nuestros deberes terrenales con habilidad y perfección, evitando así el karma en el proceso.

## Permitir que los demás tengan sus propias creencias

Nunca debemos asumir que, como individuos espirituales dedicados a conocer la realidad superior, podemos convertir a alguien que aún no está preparado para conocer la verdad.

Obligar a alguien a aceptar otro paradigma está condenado al fracaso y podría tensar o incluso acabar con amistades, creando así asociaciones energéticas de baja frecuencia. En cambio, es importante amar a todos tal y como son y meditar sobre su liberación.

Cuando una persona esté preparada para recibir la verdad, lo sabremos.

## Elegir nuestros hábitos con sabiduría

Los hábitos pueden ser buenos o malos, pero la naturaleza de un hábito es tal que se trata de una "función invisible" automática que realizamos todos los días. Como tal, nuestra "consciencia física" lo ignora.

Por lo tanto, prestar atención a lo que es un hábito y lo que no es, es un preludio necesario para tener éxito en la búsqueda de la autoconciencia y la evolución definitiva. Esta comprensión nos ayuda a separar los buenos hábitos de los malos.

Los buenos hábitos son aquellos que conducen a una existencia de mayor frecuencia y que, en última instancia, cuentan con el apoyo de personas afines que nos rodean. Los buenos hábitos nos permiten existir "dentro" de lo físico sin ser "de" lo físico.

Los malos hábitos mantienen nuestras energías fijas en las bajas frecuencias de lo físico; por lo tanto, frenan nuestras oportunidades de evolución y perpetúan nuestra necesidad de encarnación.

*Cumplir con nuestros compromisos*

Es importante cumplir con nuestros compromisos con alegría en nuestros corazones. Si nos hemos comprometido a hacer algo en un plazo determinado y/o en un grado determinado para alguien o algo, o incluso para nosotros mismos, debemos cumplirlo y cumplir con lo que nos hemos comprometido a hacer.

No cumplir nuestros compromisos es renunciar a la responsabilidad de nuestros pensamientos, nuestras intenciones, nuestras acciones y nuestra evolución. No cumplir nuestros compromisos hace que ese compromiso invisible permanezca en las frecuencias más bajas, deteniendo así nuestra evolución.

*Ejercer el cuidado*

Para alcanzar altas frecuencias, es imprescindible que seamos cuidadosos en todas las circunstancias. Por ejemplo, debemos hacer lo siguiente:

- Cuidar lo que hacemos;
- Cuidar lo que decimos;
- Cuidar lo que comemos;
- Cuidar lo que bebemos;
- Cuidar lo que respiramos;
- Cuidar cómo hacemos ejercicio;
- Cuidar cómo ayudamos;
- Cuidar cómo nos sentimos;
- Cuidar nuestras relaciones;
- Cuidar cómo se sienten los demás;
- Cuidar nuestra educación física;
- Cuidar nuestra educación espiritual;
- Cuidar a aquellos a quienes amamos;
- Cuidar a aquellos a quienes no amamos y amarlos también.
- Cuidar nuestro hogar.
- Cuidar a nuestros amigos.
- Cuidar a nuestro país.
- Cuidar nuestro planeta.

- Cuidar nuestro universo.
- Cuidar nuestra relación con Dios.
- Cuidar a TODOS y por TODO, porque Dios se preocupa por NOSOTROS.

## Ser conscientes

Es imprescindible ser conscientes de lo que decimos y hacemos. Debemos hacer todo lo posible para garantizar que todo lo que decimos o hacemos sea constructivo y no destructivo, creativo y no poco imaginativo, positivo y no negativo. Ser conscientes nos ayudará a marcar la diferencia.

## Ver la luz en todos

Si vemos la luz en todos, entonces todos verán la luz en nosotros. Al demostrar que vemos la luz en todos y en todo, también demostramos que vemos lo bueno en todos y en todo.

Demostrar que vemos la luz en todos es un paso muy positivo, ya que es una cualidad adictiva que rompe barreras.

*Seguir los diez mandamientos de la Entidad Fuente*

1. **No codiciarás los bienes ajenos.** ¿Por qué querríamos codiciar los bienes ajenos, especialmente si los medios con los que contamos no nos permiten mantenerlos? Vivir lo mejor que podamos con los medios que tenemos a nuestro alcance y estar contentos, así como recordar que estamos haciendo lo mejor que podemos con lo que tenemos y con la situación en la que nos encontramos, nos aportará paz. Además, ayuda a recordar que todo lo que poseemos es solo transitorio, ya que esta propiedad dejará de ser nuestra cuando nuestro cuerpo físico fallezca.

2. **No codiciarás el cónyuge ajeno.** La razón por la que estamos con nuestro cónyuge actual podría ser porque hemos trabajado juntos antes o porque ahora tenemos algunos problemas que resolver juntos para evolucionar mutuamente. Este es un mandamiento interesante, ya que a menudo es la causa fundamental de tanta energía kármica. Por supuesto, se refiere al cónyuge de cualquier otra persona que no sea el nuestro.

3. **Trata a los demás como ellos te tratan a ti.** ¿Por qué nos hacemos tanto daño al intentar vengarnos de los demás por lo que nos hacen? No es un uso creativo de nuestras energías. Debemos intentar ponernos en su lugar, comprender sus problemas y ofrecerles nuestra ayuda y nuestro amor siempre

que podamos, incluso si no nos caen bien. Ayudarlos será de gran ayuda para ellos, especialmente si la reciben de alguien a quien consideran su enemigo o adversario. Quizás si vemos lo bueno que hay en ellos, ellos también lo verán. Si no lo hacemos, creamos frustración y karma cuando deberíamos aceptar la situación y seguir adelante con amor en nuestro corazón.

4. **Ayudar a los demás menos capaces que nosotros.** Esta es una regla fundamental, ya que es la que nos brinda más oportunidades para evolucionar. La idea es que debemos ayudar a quienes lo necesitan cuando se presenta la oportunidad. Debemos recordar que todos provenimos del mismo espíritu, de la misma Fuente. ¿Por qué ser egoístas con nuestra buena salud? Compartirla con los demás ahora abre la puerta para que otros compartan la suya con nosotros cuando llegue el momento en que seamos menos capaces, cerrando así el círculo.

5. **Ayuda a los menos afortunados que tú.** Al igual que la número 4, esta es fundamental. Mientras que la número 4 se alinea con los aspectos físicos de la condición humana, esta regla se acerca más a la situación en la que se encuentran los demás. Una vez más, se nos recuerda que debemos ayudar a los demás cuando se presente la oportunidad. La ayuda puede ser tan sencilla como hacerles las compras, arreglarles el coche o invitarles a comer cuando lo necesiten.

6. **El universo es tuyo para siempre.** ¿Por qué nos obsesionamos con la propiedad de las cosas físicas cuando todo el universo es nuestro para tomarlo cuando nos tomamos el tiempo para darnos cuenta y trabajar con él? Como humanidad, estamos obsesionados con la propiedad de la Tierra, pero nadie es dueño de la Tierra. Es una entidad por derecho propio. Una vez que nos damos cuenta de eso, podemos ir a cualquier lugar en cualquier momento y disfrutar del universo y de la Tierra en su totalidad, así que ¿por qué querríamos limitarnos a una

pequeña parte de ella? La propiedad de la tierra y otras cosas físicas está bien como manta de seguridad, pero en términos reales, cuando estamos completamente despiertos a la realidad que nos rodea, realmente no necesitamos poseer ni vincularnos a nada.

**7. No adorar ídolos tallados.** Esto es relativamente fácil de seguir en la actualidad, ya que hay un mayor nivel de comprensión que hace un par de milenios. En esencia, esto también se aplica a las iglesias, ya que son una versión más grande del ídolo tallado. ¿Por qué adorar lo físico cuando podemos meditar para acceder a lo energético/espiritual? El uso inicial de un ídolo era dar al iniciado (¡un estudiante de la verdad, la verdad real!) algo en lo que concentrarse cuando se dedicaba a la meditación profunda. Desde entonces, se ha sacado completamente de contexto y ya no es un requisito en la sociedad actual.

**8. Honra a tus padres.** Esto se debe principalmente a la necesidad de ayudar a nuestros padres cuando sus cuerpos físicos se deterioran hasta el punto de que ya no pueden contribuir a la comunidad como solían hacerlo. Esto es especialmente relevante en los últimos miles de años, cuando el conocimiento y el dominio de las energías del universo se han perdido para la mayoría de los que están encarnados. Las generaciones mayores tienen todo el conocimiento del pasado para dárnoslo a nosotros y a nuestros hijos. Sin ellos, no apreciaríamos nuestras raíces y perderíamos los fundamentos. Sin los fundamentos, la casa del conocimiento no es más que un mazo de cartas dispuesto en forma de casa. Ha habido muchas razas encarnadas que han quedado al descubierto, expuestas a los elementos y sin ningún lugar adónde ir como resultado de una catástrofe, porque ya no tenían a la vista los fundamentos básicos.

Evitando el Karma

**9. No mientas sobre tu prójimo.** Esta es otra cuestión general que supone una gran oportunidad para ganar energía kármica y ralentizar nuestra evolución al arrastrarnos hacia frecuencias más bajas. ¿Por qué querríamos mentir? Si hemos hecho algo malo, debemos reconocerlo y aceptar que tenemos la oportunidad de experimentar algo más en lo físico que nos beneficiará más adelante. Esto también incluye el terrible hábito de chismorrear sobre alguien para intentar ganarnos el favor de los que nos rodean. Al final, esto nos sale por la culata y nos cuesta más energía kármica de la que acumulamos originalmente. Peor aún, también "cuesta" a aquellos sobre los que chismorreamos (a menos que estén más evolucionados), ya que generalmente querrán "vengarse" de nosotros, lo que invoca energía kármica.

**10. No robes a tu prójimo.** ¿Por qué robar? No es necesario, ya que lo que tenemos es todo lo que necesitamos para experimentar la vida en lo físico según el plan que hemos trazado. El Señor/nosotros proveemos, y lo hacemos. Todo se nos proporciona para garantizar que nuestra "incursión" en la Tierra, en las frecuencias más bajas, se mantenga en su condición evolutiva óptima. Esta es otra forma de ganar una enorme energía kármica, porque invariablemente acabamos mintiendo para cubrirnos si robamos.

## Practicar la paciencia

Ser pacientes con todos, con todo y, especialmente, con nosotros mismos es una práctica excelente. Adoptar una actitud tranquila y paciente atrae energías de mayor frecuencia y amigos de alta frecuencia.

Cuando somos pacientes y estamos tranquilos, damos un excelente ejemplo a los demás de cómo vivir en el frenético mundo de lo físico grueso, evitando al mismo tiempo las adicciones de baja frecuencia asociadas con el nerviosismo.

## No tener expectativas de recompensa

Las expectativas pueden considerarse la función opuesta al deseo, especialmente cuando esperamos una recompensa por prestar un servicio. Hacerlo también nos ata a los deseos de baja frecuencia de lo físico y, por lo tanto, nos genera un nivel de karma.

## Evitando el Karma

Las expectativas son algo que debe evitarse desde una perspectiva más personal, especialmente cuando "esperamos" una determinada respuesta o acción de un amigo o colega.

Al no esperar nada, ganaremos dos cosas:

1. Libertad del vínculo kármico que nos da la expectativa; y
2. Alegría cuando un amigo o colega responde de la manera correcta o más deseable espiritualmente.

*No anticipar nada*

La anticipación se basa en la expectativa, por lo tanto, nos vincula con un resultado "deseado". Cuando eliminamos la expectativa, también eliminamos la anticipación, ya que una crea la otra.

Cuando eliminamos ambas condiciones de nuestra mente, negamos la oportunidad de entrar en el "círculo vicioso" de causa y efecto continuo que crea una u otra. Por lo tanto, es prudente dejar la anticipación y la expectativa a su libre albedrío.

*Aceptar la providencia divina en todas las situaciones*

Cuando anticipamos un resultado, pintamos un cuadro de lo que deseamos, identificando así ese resultado como positivo o negativo, basándonos en el resultado que anticipamos.

La anticipación de un resultado es una condición humana que, en última instancia, nos vincula con lo físico.

Cuando somos capaces de estar en el "ahora", eliminando así el elemento de anticipación, estamos trabajando en la aceptación de que la providencia divina prevalecerá y traerá el resultado que sea mejor para una situación particular.

*Reconocer las situaciones como oportunidades para evolucionar*

La anticipación es un proceso mental limitante que se basa en nuestra expectativa de un resultado deseado, definiéndose el deseo como "una condición de enfoque específico en lo material".

La anticipación es el resultado de nuestra expectativa de un resultado preferido. En este caso, nos enfocamos en el resultado más que en el proceso espiritual más amplio que da lugar al resultado. Si el resultado anticipado no es el que esperábamos, nos sentimos insatisfechos y/o decepcionados. Cuando nos sentimos así, es porque estamos trabajando con la "imagen encarnada" más pequeña en lugar de observar el resultado o el desenlace desde una perspectiva espiritual más amplia. Debemos recordar que, independientemente del resultado, lo que experimentamos está diseñado para ayudarnos a evolucionar.

Por lo tanto, debemos aceptar las situaciones que se nos presentan en la vida como oportunidades de evolución, en lugar de planificar ciertos resultados "anticipados" y perder el tiempo pensando dónde y cuándo pueden ocurrir los resultados y cuáles serán.

## *Aceptar la frustración*

La frustración es el resultado de convertir el deseo en anticipación y expectativa. Se basa en nuestra incapacidad para esperar lo que vendrá con la providencia divina en el momento adecuado de nuestra existencia encarnada.

La frustración también nace de nuestra incapacidad para llevar a cabo nuestros planes. Cuando esto ocurre, es el resultado de no adaptarnos a las oportunidades de aprendizaje que se nos presentan para evolucionar; en cambio, optamos por superponer a estas experiencias los resultados que preferimos en lugar de los resultados reales.

La frustración se puede evitar no esperando nada, aceptando todo y viviendo según el plan divino.

## Ser impaciente, precursor de la frustración

La impaciencia es precursora de la frustración y de las respuestas emocionales asociadas a ella. Es producto de nuestro ser físico, al mismo tiempo que conservamos un recuerdo energético de trabajar dentro de lo energético. Mientras estamos en lo energético, somos capaces de provocar cambios instantáneamente a través de la intención pura que crea el pensamiento y, posteriormente, la acción basada en ese pensamiento.

En las bajas frecuencias del universo físico, esto no es posible, pero nuestro recuerdo de tal función permanece dentro de nosotros mientras estamos encarnados, de ahí nuestra frustración cuando "las cosas" no suceden. En este caso, el antídoto es mantener la calma y esperar pacientemente a que los frutos de nuestro trabajo den sus frutos.

La impaciencia comienza con su vínculo con los pensamientos de baja frecuencia y el deseo de "gratificación instantánea", un producto de los "tiempos modernos", en los que simplemente "no podemos esperar" a que ocurra esto o aquello. Esto reduce nuestras frecuencias y niega los pensamientos de alta frecuencia de calma y la alegría de esperar a que se materialice lo que se ha manifestado. Nos privamos de maravillarnos ante los procesos que se desarrollan entre bastidores para finalizar lo que se ha manifestado a través de la intención, el pensamiento y la acción.

*Sentirse insatisfecho e impaciente*

No debemos ser impacientes; debemos estar atentos a la impaciencia. Es una función del deseo anticipatorio y está impregnada de la expectativa de lo que puede suceder o no.

La impaciencia surge cuando no estamos satisfechos con lo que tenemos, somos o esperamos ser, o desde una perspectiva temporal, esperamos ser o tener antes.

Como el tiempo no existe en lo energético, la impaciencia es, por lo tanto, inútil. Debemos confiar en que todo sucede cuando debe suceder para darnos el nivel correcto de contenido experiencial/de aprendizaje que nos permita evolucionar sin equivocaciones.

## Experimentar la satisfacción como un arma de doble filo

Cuando estamos satisfechos, estamos preparados para trabajar con lo físico mientras estamos "en" lo físico, pero no "de" lo físico. No nos atraen esas atracciones de baja frecuencia del materialismo que crean un vínculo kármico con lo físico y detienen nuestra ascensión personal a través de las frecuencias. Podemos elevarnos por encima de estas frecuencias más bajas y seguir avanzando hacia una comunión constante con nuestro Creador.

Sin embargo, si estamos satisfechos con nuestro progreso espiritual y felices donde estamos, haciendo lo que hacemos y experimentando la comunión con el espíritu, nunca progresaremos más allá de lo que en realidad es solo espíritu localizado. No alcanzaremos las vertiginosas alturas necesarias para asegurar la comunión constante con nuestro Creador.

## *Ofrecer amor incondicional*

Ofrecer amor, es decir, amor incondicional, es lo más maravilloso que podemos darnos unos a otros. Sin embargo, esto no debe reservarse solo para aquellos a quienes conocemos, amamos, en quienes confiamos, a quienes veneramos y respetamos. También debe ofrecerse a aquellos a quienes "inicialmente" no conocemos, tememos, odiamos, detestamos, nos desagradan o desconfiamos, ya que todos formamos parte de la Entidad Fuente. Por lo tanto, ellos son parte de nosotros. Reconocer y saber esto por experiencia propia es un paso importante para nosotros en el camino hacia una existencia de alta frecuencia.

## *Compartir bondad*

Cuando somos amables u ofrecemos bondad a alguien, sean cuales sean las circunstancias, damos un paso en nuestro camino hacia una existencia de alta frecuencia, ya que ser amable es el preludio del amor incondicional hacia todos y cada uno.

## *Perpetuando el karma*

El universo no funciona según el karma. Nosotros, como humanidad, lo creamos a través de la obsesión por las bajas frecuencias asociadas con lo físico. ¿Por qué perpetuamos aquello que no existe de forma natural?

## *Evitar una mentalidad competitiva*

Debemos evitar competir con los demás en todos los niveles, incluidos los espirituales. La competencia surge cuando nos sentimos tentados a intentar ser como otra persona, alguien que parece tener habilidades o capacidades espirituales que creemos que nos faltan y que deseamos tener. Consideramos que esa persona es mejor que nosotros y nos esforzamos por ser mejores que ella.

En circunstancias como esta, olvidamos que somos seres individuales que seguimos nuestro propio camino. Como tales, debemos concentrarnos en lo que hacemos a nuestra manera y no intentar ser iguales o mejores que los que nos rodean. Solo tenemos que ser nosotros mismos y evolucionar por nuestro propio esfuerzo, a nuestro propio ritmo y en nuestro propio tiempo.

*Ser complaciente con la complacencia*

La complacencia es la mano derecha del karma. Nos espera cuando sentimos que hemos abordado todas las cuestiones espirituales en las que necesitamos trabajar y que ya no hay nada más que hacer.

Cuando estamos convencidos de que el trabajo está hecho, en realidad estamos a punto de empezar, ya que la tarea de trabajar hacia Dios y la perfección es el trabajo de toda una vida, que requiere una diligencia constante, introspección y recalibración de los logros espirituales.

## *Aceptarlo todo*

La resistencia a aquello que ocurre en la vida y que consideramos subóptimo es resistencia para aprender de aquellas oportunidades que se nos presentan como lecciones sobre cómo desvincularnos de ciertos acontecimientos, aquellos acontecimientos que nacen en lo físico.

Nuestra aceptación neutraliza la resistencia y niega nuestra necesidad de volver a experimentar aquello que ya hemos experimentado pero a lo que nos resistimos. Cuando neutralizamos la resistencia, la aceptación puede eliminar, y de hecho elimina, la oportunidad de que se produzca la influencia kármica que la resistencia introduce.

## *Aprender mediante la observación*

Cuando observamos a quienes nos rodean y no son conscientes de la realidad superior, a menudo notamos cómo trabajan por su propio bien y no por el bien de los demás y de su Creador.

Aunque no podamos cambiarlos, ellos nos "regalan" un recordatorio constante de lo que podríamos llegar a ser si nos dejáramos llevar por la creencia de que la existencia física es la única realidad.

Teniendo esto en cuenta, seguiremos esforzándonos por servir, meditando sobre nuestro Creador y experimentando la realidad superior.

## Compararnos con los demás

Debemos evitar compararnos con los demás. Una vez que nos embarcamos en el camino de la comparación con nuestros amigos, familiares, vecinos y compañeros, corremos el riesgo de sentirnos insatisfechos con nosotros mismos y con nuestras "efímeras" posesiones terrenales.

La insatisfacción es un vínculo insidioso con la existencia física y nos exige estar alerta.

## *Vivir como custodios transitorios*

Es imprescindible que recordemos que solo somos custodios de lo que nos rodea mientras estamos en el plano físico. En realidad, nunca somos dueños de nada. En cambio, solo se nos da la oportunidad de trabajar, vivir y mantener lo que compramos durante el tiempo que estamos encarnados.

## *Desconectando lo físico del ser energético*

El dolor físico es un recordatorio constante de que estamos en un vehículo físico que está limitado por los procesos mentales de estar encarnados.

"Limitado" y "pensamiento" son las palabras clave aquí, ya que cuando no estamos "limitados" por las "restricciones del pensamiento" de estar en forma física y somos capaces de trabajar con la realidad superior de estar "en" lo físico pero no "de" lo físico, entonces nos damos cuenta de que la forma física es una condición transitoria. Como tal, se utiliza para momentos transitorios de experiencia mientras estamos en las frecuencias más bajas asociadas con el universo físico.

Cuando nos damos cuenta, nos damos cuenta verdaderamente en lo más profundo de nuestro ser, de esta verdad, somos capaces de desconectar nuestro ser físico de nuestro ser energético y, así, eliminar nuestro vínculo mental con las frecuencias más bajas. De esta manera, al desconectar nuestro yo energético de la función del dolor en el vehículo físico que habitamos, podemos vivir una existencia física sin dolor y negar el vínculo kármico en el proceso.

Tal dominio de lo físico requiere un pensamiento dedicado, continuo, inquebrantable, enfocado, robusto y basado en la intención las 24 horas del día, los 7 días de la semana.

*Estar atentos a las sensaciones adictivas*

El dolor físico es un recordatorio constante de que estamos en un vehículo físico. Del mismo modo, las sensaciones sexuales y otras adicciones corporales también son un recordatorio de que estamos limitados por los procesos de pensamiento/experiencia del vehículo en el que estamos encarnados.

Es evidente que algunas de las sensaciones que experimentamos mientras estamos encarnados son un placer. Algunas, como las sensaciones sexuales, pueden ser adictivas. Otras, como el tacto, el gusto, el olfato y la vista, son sensaciones que se limitan a nuestro ser encarnado. En lo energético, estamos por encima de estas sensaciones y, por lo tanto, no nos afectan sus posibles cualidades adictivas. En nuestra necesidad de encarnarnos para ayudar a nuestro compromiso evolutivo, experimentamos posteriormente múltiples sensaciones a diario, algunas de las cuales están vinculadas a las bajas frecuencias de lo físico. Debemos estar atentos a las sensaciones, ya que pueden ser insidiosas en sus cualidades adictivas.

## Usar el deseo con cuidado

Es importante que seamos conscientes de nuestros deseos, ya que son una vía hacia las frecuencias más bajas. Si nuestros deseos están relacionados con cosas físicas, nos anclarán a lo físico. Si nuestro deseo es comunicarnos con nuestro Creador, nuestra Entidad Fuente —Dios—, entonces nuestro deseo será una vía hacia las frecuencias más altas y nos traerá karma positivo.

*Estar en deuda*

En nuestra forma encarnada terrenal, debemos evitar endeudarnos con nadie ni con nada, ya sea financieramente, materialmente o de cualquier otra forma. La deuda es un factor de control que nos deja bajo el control del acreedor. Cualquier tipo de deuda nos vincula a lo físico. Nos ata al compromiso de pagar la deuda con intereses, lo que aumenta la deuda y crea pensamientos de baja frecuencia, como el resentimiento y la ira, hacia el acreedor.

Solo debemos tener y reconocer una deuda, la que todos aceptamos experimentar durante nuestra encarnación. Aceptamos experimentar, aprender, evolucionar y compartir este contenido evolutivo, esta deuda de la creación, con nuestro Creador, al mismo tiempo que mantenemos nosotros mismos este contenido evolutivo. No se trata de una deuda física, que nos vincula a las bajas frecuencias de lo físico, sino de una deuda de placer, de alegría, de deleite, de amor y de deseo de ayudar a nuestro Creador a evolucionar mediante nuestros esfuerzos individuales.

En este caso, la mejor manera de avanzar no es protegernos de las bajas energías asociadas a esos pensamientos, sino más bien aceptar que nos hemos colocado en esa posición. Por lo tanto, podemos elevar nuestras frecuencias cuando reconocemos la oportunidad de crecimiento personal que nos brinda esa situación. Entonces trabajamos con alegría ante la perspectiva de devolver con intereses lo que se debe, como agradecimiento al deudor por ayudarnos cuando lo necesitábamos. Hacemos esto sin resentirnos por estar en esa situación o por que el deudor nos cobre intereses, rompiendo así un vínculo kármico.

## Sentimiento de traición

La traición es una emoción que sentimos cuando nuestras expectativas de recompensa y reconocimiento no se materializan. De hecho, la traición es aún más profunda cuando trabajamos para otra persona y los frutos de nuestro esfuerzo y el reconocimiento que buscamos o esperamos son reclamados por otra persona. La traición puede causar resentimiento, y de hecho lo causa, especialmente si no la reconocemos y neutralizamos buscando consejo superior o accediendo a un conocimiento superior sobre la necesidad y el requisito del traidor para cometer el acto de traición.

Cuando nos traicionan de alguna manera, debemos aprovechar esa oportunidad como una ocasión para obtener contenido evolutivo. Es importante que adoptemos la posición del "yo observador" y analicemos las razones por las que el traidor necesita engañarnos. Tenemos la oportunidad de compadecernos sinceramente de esta persona y devolverle libremente lo que nos ha quitado sin pedir nada a cambio. Cuando hacemos esto, redirigimos las energías de la traición hacia las energías del servicio, al servicio del traidor. Entonces podemos amar a esta persona y perdonarla total e instantáneamente, porque nos ha dado la oportunidad de tomar la función de la traición y utilizarla para aumentar nuestras frecuencias personales, reconociendo esto como una oportunidad para añadir a nuestras experiencias de crecimiento, de modo que podamos aprender y evolucionar en lugar de proyectar ira, odio y/o resentimiento hacia el traidor.

*Aceptar en lugar de resentirse*

El resentimiento, una respuesta de frecuencia particularmente baja, es una función de la traición, la expectativa, la comparación personal y la no aceptación. Aunque es una función secundaria, causada por esas otras respuestas de baja frecuencia que acabamos de mencionar, enmascara las razones principales de su existencia y, por lo tanto, enmascara su existencia per se. Cuando estamos atrapados en la espiral descendente del resentimiento, nos colocamos en la categoría de "pobre de mí" y "¿por qué ellos?" de los procesos de pensamiento individuales.

El antídoto contra el resentimiento es nuestra aceptación total de aquello que provocó la función primaria. Esto se consigue utilizando la función desapegada del "yo observador", que nos permite reconocer los procesos y acontecimientos que nos llevaron a estar en esta condición mental. Al hacerlo, debemos perdonarnos a nosotros mismos por haber tomado ese camino y perdonar, aceptar y amar a aquellos cuyas posiciones personales hemos observado y considerado mejores que las nuestras.

Incluso si parecen recibir algo a cambio de nada y estar siempre en el lugar adecuado en el momento adecuado, debemos reconocer que esto es lo que han acordado experimentar mientras se encuentran en las bajas frecuencias del universo físico, y esto les permitirá experimentar, aprender y evolucionar como lo hacen todos los demás encarnados, a su manera.

## Negarse a ignorar una petición de ayuda

¿Alguna vez has notado que a veces ignoramos a un ser humano que necesita ayuda? Lo hacemos en innumerables situaciones, al pasar rápidamente junto a la persona necesitada para no involucrarnos, como un mendigo en la calle, alguien en un accidente de coche o una persona en una situación de maltrato. Después de hacerlo, nos sentimos incómodos. Es la sensación de la energía que nos envía la persona "necesitada", solicitando nuestra ayuda y siendo ignorada. Esto provoca desarmonía. Si tenemos la sensación de que DEBERÍAMOS ayudar a otra persona, entonces DEBEMOS hacerlo.

La incomodidad que sentimos al ignorar la petición de ayuda es también una indicación de que existe la necesidad de ayudar, basada en un compromiso preencarnatorio entre la persona necesitada y nosotros para trabajar juntos. Fíjate en cómo el pensamiento común "Debería haber ayudado, pero no lo hice" perdura durante mucho tiempo. Esta es nuestra oportunidad de dar marcha atrás y ser la ayuda que se nos pide.

También es prudente recordar que esta puede ser una oportunidad para limpiar el karma. Ignorar ese sentimiento puede crear más karma o reforzar el vínculo kármico existente. ¿Por qué correr ese riesgo cuando podemos ayudar a la persona y volver a casa con una canción en el corazón?

## *Sintonizar con los demás*

Cuando "sintonizamos" con la realidad más amplia de otras personas que necesitan ayuda, alcanzamos un mayor nivel de comprensión y, en última instancia, validamos sus necesidades o no, según sea el caso, para nuestra ayuda, nuestro servicio.

Si nos "sintonizamos" y sentimos que no es necesario que seamos sus libertadores —y esto no es una "forma de escapar" de prestar servicio—, entonces podemos seguir adelante porque no existe ningún vínculo kármico entre nosotros. Sin embargo, debemos asegurarnos de que la "sintonización" tenga en cuenta la posibilidad de crear karma, incluso si inicialmente no parecía existir ningún vínculo kármico.

El hecho de que no exista un vínculo entre nosotros y otra persona no significa que no se pueda crear un vínculo al descuidar la oportunidad de prestar servicio.

Aquellos que solicitan ayuda pero no la necesitan corren el riesgo de crear su propio karma, de ahí la necesidad de que primero nos "sintonicemos". En este caso, cuando rechazamos amablemente ayudar a las personas, estamos contribuyendo a garantizar que no acumulen karma vinculado a nosotros a través de solicitudes falsas. Así es como estamos prestando un mayor servicio en este caso.

## Vivir un día a la vez

¿Qué pasaría si empezáramos cada día como si fuera un día nuevo, como si fuera nuestro primer día en la tierra? No tendríamos problemas, no tendríamos enemigos, no tendríamos preocupaciones y no tendríamos inquietudes.

¿Y si consideráramos que las cosas que tenemos que hacer son un placer, que son un reto que hay que disfrutar, que las personas con las que nos encontramos también son un placer conocerlas porque es la primera vez que las vemos y es la primera vez que ellas nos ven a nosotros? Podríamos preguntarnos qué podríamos hacer por ellas sin necesidad de recompensa.

¿Y si consideráramos que el ámbito en el que existimos es un placer, una oportunidad para mejorar, una oportunidad para ser positivos, y pudiéramos estar en el presente y trabajar en el presente?

En este estado mental no tenemos prejuicios, ni ideas preconcebidas, ni miedos, ni acciones insuperables que sean imposibles de completar, solo la alegría de estar aquí, de poder participar y ser útiles. Estamos en paz.

## Respetar nuestro entorno y a nosotros mismos

Cuando respetamos nuestro entorno, la tierra, los árboles, el mar y los animales, nos respetamos a nosotros mismos.

Vivir con respeto nos garantiza que vivimos en una frecuencia más elevada que aquella en la que encarnamos.

Cuando reconocemos que todos somos uno con nuestros compañeros encarnados y con nuestro Creador, nuestra Entidad Fuente, nuestro Dios, entonces también debemos darnos cuenta de que somos uno con el resto de las creaciones de nuestra Fuente. Esto incluye el multiverso, el universo físico, las galaxias y los planetas, las nebulosas y las estrellas, la Tierra y su flora y fauna. Al reconocer esto, respetaremos naturalmente todo de acuerdo con cómo nos tratamos a nosotros mismos: con respeto, con amabilidad, con amor, con sabiduría y con sentido de unidad.

## Ser un buen ejemplo espiritual

Cuando ignoramos las necesidades de nuestros hermanos o hijos en términos de amor, cuidado y sabiduría, es similar a ignorar nuestro "ser". Además, en términos de proporcionar una educación espiritual cuando nuestros hijos o hermanos menores están en su etapa más impresionable, si los ignoramos, es equivalente a "negarles" activamente la oportunidad de mejorar en las primeras etapas de su encarnación. Entonces pueden caer en "hábitos" dentro del mundo material que dan lugar a la acumulación de una existencia de baja frecuencia.

No debemos forzar estas enseñanzas, sino enseñar con el ejemplo. Un niño que está rodeado de personas con "buenos" hábitos espirituales adquirirá naturalmente estos hábitos, lo que le permitirá sobrevivir a la exposición a los malos hábitos y mantener sus buenos hábitos. Sin embargo, un niño rodeado de personas con malos hábitos no se verá afectado por la exposición a los buenos hábitos debido al efecto intoxicante de esos malos hábitos de baja frecuencia.

Cuando ignoramos las oportunidades de demostrar a los niños cómo vivir y existir de una manera de alta frecuencia en un mundo material, les negamos una educación espiritual muy necesaria. Esta es una espada kármica de doble filo. Si los exponemos efectivamente a bajas frecuencias intoxicantes o al karma que resulta de nuestra promoción o no corrección de sus malos hábitos, también nos exponemos a procesos de pensamiento de baja frecuencia al no cuidarlos o amarlos lo suficiente. En última instancia, creamos karma para nosotros mismos.

*Ser fieles a nosotros mismos*

No debemos evitar ser fieles a nosotros mismos, especialmente cuando nos vemos sometidos a presiones externas para cambiar.

Cuando nos vemos obligados a ser lo que no somos para encajar en el paradigma de otra persona, estamos cumpliendo los requisitos de esa persona en lugar de los nuestros. Satisfacer las necesidades del ser es tan importante como satisfacer las necesidades de otra persona, pero no si ello va en detrimento del ser.

Debemos permanecer fieles a nuestras propias creencias, valores, planes y personalidad, incluso cuando otros intentan convertirnos en algo que no somos. Esto garantizará que trabajemos con ellos desde el nivel más alto. Cuando trabajamos desde el nivel de la verdad y la integridad, negamos la oportunidad de exponernos y participar en actividades de baja frecuencia, al mismo tiempo que prestamos nuestro servicio.

## Erradicar la duda sobre uno mismo

La duda sobre uno mismo es un aspecto importante del karma que debemos reconocer y es aún más importante que eliminemos de nuestro vocabulario experiencial.

La duda es una función de permanecer en una existencia de baja frecuencia, estar en lo físico y tener pensamientos limitantes. Estos pensamientos limitantes se programan en nosotros en el momento en que encarnamos, asegurando que trabajemos dentro de ciertas pautas y reglas que nos niegan nuestra herencia y nuestro recuerdo de que somos un aspecto de lo divino encarnado.

Como aspecto encarnado de lo divino, somos ilimitados en este sentido y, cuando reconocemos este hecho, la duda sobre uno mismo se disuelve y se desvanece.

## *Pensamientos limitantes*

Los pensamientos limitantes son una función de la duda, la baja autoestima y una existencia "frustrada" de baja frecuencia. La frustración es una función del conocimiento subyacente de que podemos y debemos ser capaces de alcanzar un nivel superior de existencia. Las limitaciones de nuestros pensamientos pueden ser producto de nuestra incapacidad para pensar a un nivel superior al que estamos experimentando actualmente. También puede ser el resultado de estar inmersos en los pensamientos de baja frecuencia que rodean a otras personas con una existencia de baja frecuencia hacia las que podemos gravitar "naturalmente" para crear un sentimiento de unidad o unión con los demás.

En cambio, es esencial que nos rodeemos de aquellas personas que siempre están ampliando los límites de sus experiencias a través de pensamientos espiritualmente conscientes e ilimitados. Hacerlo dará como resultado la creación de pensamientos más elevados de contenido ilimitado y, por lo tanto, elevará nuestras frecuencias.

## Atraer frecuencias más bajas a través de los celos

Los celos son un método bastante invisible de atraer las frecuencias más bajas, ya que actúan de varias maneras:

En primer lugar, podemos sentir celos de lo que "posee" otra persona. Cuando deseamos lo que otros poseen, creamos una asociación con lo físico.

En segundo lugar, podemos sentir envidia por lo que alguien ha "logrado" en esta existencia física. Cuando hacemos esto, creamos un vínculo con las frecuencias más bajas de manera indirecta al desear ser lo que alguien "es".

En tercer lugar, estos dos métodos basados en los celos para atraer frecuencias más bajas se ven reforzados por la inevitable competencia que generamos con aquellos que tienen lo que deseamos.

## Mantener un cuerpo físico sano

Es imprescindible que cuidemos nuestro cuerpo físico. Debemos mantenerlo bien ejercitado, bien alimentado, bien hidratado y descansado, tanto mental como físicamente.

Aunque la atracción hacia las frecuencias más bajas de lo físico se atribuye normalmente a las acciones resultantes de procesos de pensamiento disfuncionales que causan las adicciones y los hábitos que nos anclan a estas frecuencias bajas, un vehículo físico mal cuidado puede actuar como una atracción con la misma eficacia. Esto se debe al enfoque mental que tenemos en los dolores y molestias, el cansancio, la lentitud y la falta de energía si tenemos sobrepeso y no estamos en forma. En última instancia, esto da lugar a un letargo mental y físico y a una sensación de "rendirse" porque ¡ES DEMASIADO DIFÍCIL CAMBIAR!

Lo similar atrae a lo similar, y si estamos en el estancamiento de las frecuencias más bajas de lo físico, entonces atraeremos energías similares y a las personas asociadas a ellas.

Por eso debemos cuidar nuestro cuerpo y mantenernos alegres y saludables, ya que así creamos procesos de pensamiento positivos de "alta frecuencia".

Cuando atraemos pensamientos positivos y respuestas de alta frecuencia, atraemos a personas con "pensamientos afines". A su vez, aumentamos nuestras frecuencias, cortamos cualquier apego a la funcionalidad de baja frecuencia y evitamos el karma.

*Practicando lo que predicamos sobre el "buen vivir"*

Cuando ponemos en práctica la teoría del buen vivir, evitamos el karma negativo. De este modo, podemos disfrutar de la realidad de vivir de esta manera, ya que estamos rompiendo el ciclo kármico.

*Examinando el sentido de unidad*

Dado que todos somos uno, recordamos ese sentido de unidad cuando nos relacionamos con personas afines que trabajan juntas en "metaconcierto" por una única causa enfocada en el bien de todos. Un ejemplo de ello es una meditación grupal que se enfoca en enviar amor, luz y recuerdo a todo lo que existe, en contraposición a una meditación grupal enfocada en el beneficio individual potencial.

La falsa unidad se logra mediante la asociación de personas con ideas afines que trabajan juntas para formar parte de la multitud y no quedarse fuera. Se trata de una unidad para el beneficio último del ser y es una función de estar en lo físico.

*Estar en deuda con otra persona*

Otra forma de evitar acumular karma es evitar estar "en deuda" con otra persona de cualquier manera, forma o modo que no sea el "servicio". Esto podría ser en forma de finanzas, favores, ayuda u orientación.

Cuando estamos "en deuda" con alguien que nos ayuda fuera del "servicio", esa persona/"ayudante" obtiene control sobre nosotros, los receptores de la ayuda. De este modo, esa persona puede mantenernos como rehenes hasta que le devolvamos un nivel de ayuda "determinado" y, por lo general, "desconocido".

El tipo de ayuda más difícil de devolver que se presta fuera del "servicio" es el "favor" o la "asistencia" que nos reporta o proporciona un beneficio significativo como receptores. Esto puede dar lugar a que quedemos "en deuda" con esa persona durante el resto de nuestra existencia encarnada, recibiendo repetidamente recordatorios del nivel de ayuda que nos prestó en el pasado. De esta manera, nos mantiene bajo control y en la miseria.

Por lo tanto, la única forma en que debemos dar ayuda es en "servicio" y recibir ayuda cuando el ayudante nos la proporciona con el pretexto de estar a nuestro servicio. Esto garantiza que no estemos "en deuda" con el ayudante, ni que el ayudante esté "en deuda" con nosotros. Ambos son libres de existir sin la necesidad de "dar" a cambio.

*Creando karma autogenerado*

El ego es nuestro método "integrado" para crear karma autogenerado. Debemos tener cuidado con el ego y evitar sus formas de crear karma mientras trabajamos en el entorno físico. Esto incluye trabajar con aquellos que también están encarnados.

Nuestro ego se creó durante nuestro proceso de encarnación y es una condición transitoria que se disuelve cuando esta encarnación termina. Como tal, nuestro ego hace todo lo posible por perpetuar su propia existencia, ignorando el hecho de que, en última instancia, no puede evitar su inevitable desaparición. Sin embargo, en su ignorancia, se perpetúa a sí mismo atrayéndonos hacia una falsa sensación de inocencia que nos hace negar su existencia, atrayéndonos hacia pensamientos, acciones y hábitos materialistas que nos hacen "sentirnos bien" con nuestro "ser" a través de falsedades. Debemos estar atentos y darnos cuenta de las condiciones que nos hacen "sentirnos bien" para no dejarnos engañar por el ego.

Algunas de ellas son la posición, el estatus, la apariencia, las posesiones, la influencia y la credibilidad ante los demás. Es evidente que generamos algunas de ellas a través de una "buena vida", al mismo tiempo que somos conscientes del karma; sin embargo, esto solo se puede lograr si se generan fuera de la influencia del ego y se reciben con humildad.

*Estar en el miedo*

Sin duda, el miedo es una emoción de baja frecuencia. Podemos tener miedo a algo sin siquiera reconocerlo como miedo o, de hecho, como una emoción de baja frecuencia en sí misma. Mientras estamos encarnados, a menudo nos centramos en lo relacionado con nuestra existencia física en lugar de recordar que somos entidades energéticas de muy alta frecuencia que se encarnan momentáneamente en formas físicas con fines evolutivos.

A medida que nos absorbemos por el miedo, nos sentimos atraídos por las frecuencias más bajas por defecto. Como tal, nuestra progresión evolutiva se ve frenada hasta que reconocemos y somos capaces de resolver nuestro apego al miedo y su energía de baja frecuencia. Solo podemos lograrlo mediante la meditación dedicada a alcanzar la comunión plena y directa con nuestro Creador. Esto nos llevará al reconocimiento de nuestra divinidad, al sentido de unidad con nuestro Creador y la consiguiente longevidad infinita o inmortalidad como unidad individualizada de nuestro Dios Creador.

*Generar karma debido al aburrimiento*

Desde una perspectiva evolutiva, cuando creamos karma autogenerado, es como dispararnos en el pie. El karma autogenerado, en esencia, abarca todo lo que se identifica en esta guía. Gran parte de nuestra deuda kármica es el resultado de ser "atraídos" por otros a diversas situaciones, como chismes, culpas, delitos, etc.; sin embargo, también podemos crear karma estando totalmente aislados, tanto en cuanto a ubicación como a interacciones con otros.

El karma autogenerado es, por lo tanto, creado por la atracción y la intoxicación de pensamientos, actividades y hábitos de baja frecuencia. Esto ocurre cuando nos encontramos en un estado de aburrimiento y es creado por la necesidad del ego de mantener el control del llamado "ser consciente". En este caso, el antídoto es utilizar el tiempo disponible (el tiempo libre que da lugar al aburrimiento) para meditar sobre "el simple hecho de ser" o para contactar con nuestro Dios Creador, utilizando así el tiempo libre de la forma más productiva posible.

## *Evitar la coerción*

La coerción se genera al persuadir a otros para que hagan lo que nosotros queremos en lugar de hacerlo nosotros mismos. Es una práctica que debemos evitar a toda costa si queremos evitar el karma. Mientras que la persuasión se basa en la presentación de pruebas convincentes para animar a las personas a cambiar la dirección de sus procesos mentales, la coerción es insidiosa porque se utiliza para apoyar las demandas del coercionador mediante medios tortuosos, como amenazas a la posición empresarial o social, a la familia y/o a la persona de un individuo, o se basa en favores.

Para evitar el karma resultante del uso de la coerción, debemos observar los métodos que utilizamos para negociar cuando es necesario hacerlo. Debemos asegurarnos de emplear solo pensamientos puros y pruebas verdaderas en el proceso de negociación, y no la persuasión o la coerción basadas en la personalidad y/o la posición.

Si alguien nos pide un favor o vemos que alguien lo necesita, debemos concedérselo libremente "en servicio" y no como medio de coerción.

# Evitando el Karma

## *Repartir la culpa entre los demás*

Si repartimos la culpa entre los demás para disimular nuestras deficiencias, estamos renegando de nuestras acciones y de los resultados de esas acciones. Además, si aceptamos los elogios del éxito al mismo tiempo que repartimos la culpa entre los demás, sean o no responsables, estamos aprovechándonos de ellos de la forma más descarada y especuladora. Por lo tanto, si seleccionamos los llamados resultados deseados y descartamos los resultados no deseados, y luego atribuimos los resultados no deseados a aquellos que tal vez no puedan defenderse, estamos actuando de la manera más irresponsable. Al hacerlo, estamos perdiendo la oportunidad de aprender de esa experiencia y evolucionar.

Atribuir la culpa es un arma de doble filo, ya que no solo aumenta el karma, sino que también niega la oportunidad de progresar evolutivamente.

## *Utilizar a los demás para beneficio propio*

Utilizar a los demás para beneficio propio, una forma de coerción es una manera especialmente eficaz de acumular karma. Puede resultar adictivo, sobre todo si tenemos éxito al utilizar a una persona concreta y conseguimos fácilmente lo que deseamos. Al utilizar a los demás para beneficio propio, se perpetúa y aumenta el comportamiento de baja frecuencia a medida que se consigue más y más éxito. De hecho, a medida que una persona gana confianza en el uso de los demás para su propio beneficio, el uso de los demás aumenta en consecuencia. Desgraciadamente, también lo hace la atracción por el comportamiento de baja frecuencia. Además, debido a que aumenta el nivel de confianza derivado del éxito esperado y la mejora de la capacidad de coerción, existe una mayor tentación de "utilizar" a los demás hasta el punto de que se convierta en un comportamiento normal para esa persona.

El antídoto es maravillosamente sencillo en este caso. Se aplica haciendo nosotros mismos aquello para lo que utilizaríamos a los demás. De este modo, logramos lo que obtenemos a través de "nuestro propio esfuerzo" y podemos justificar los placeres, la satisfacción y los elogios que se nos otorgan, ya que no los habremos recibido a costa de los demás.

## Cometer un delito

Cualquier tipo de delito genera karma. Si sabemos lo que está bien y lo que está mal según la ley y decidimos hacer lo incorrecto, hemos creado karma.

Aunque en muchos círculos espirituales se reconoce que no hay bien ni mal, ni positivo ni negativo, y que solo hay experiencia, es muy sabio el encarnado que sabe que hay ciertos caminos que debemos tomar para maximizar las oportunidades evolutivas mientras estamos en las frecuencias más bajas del universo, el plano terrestre. Como entidades encarnadas, debemos reconocer que es necesario reducir el número de encarnaciones necesarias para ascender más allá de la necesidad de la evolución basada en la encarnación.

Cometer un delito en este caso no solo es una forma eficaz de crear karma, sino también una forma eficaz de reducir e incluso detener nuestro crecimiento evolutivo. Detener o reducir nuestras oportunidades de crecimiento evolutivo es, por lo tanto, un delito en sí mismo, uno que perpetúa el karma.

## Causar daño físico

Hacer daño físico a nuestro vehículo encarnado "humano" de forma consciente y deliberada es profanar el templo en el que residimos, aunque nuestra residencia sea temporal.

Hacer daño físico al vehículo encarnado "humano" de otra persona de forma consciente y deliberada no es el comportamiento de un individuo evolucionado y provoca un karma tremendo y un apego de baja frecuencia, especialmente cuando el acto de "hacer daño" produce placer.

Es evidente que podemos tener accidentes y los tenemos cuando nos embarcamos en el trabajo experiencial como encarnados, y esto se acepta. Se acepta porque es el "contenido experiencial", el aprendizaje y el consiguiente aspecto evolutivo de la experiencia que resulta del daño accidental de nuestro vehículo humano, ya que, en última instancia, esto forma parte de nuestro plan de vida.

Sin embargo, dañar deliberadamente el vehículo encarnado de alguna manera para perpetuar su existencia en general, como con una amputación, una cirugía, etc., es aceptable. Esto se debe a que las razones de tales acciones se comprenden y se reconocen como parte del plan.

El antídoto en todos los casos es respetar, mantener y cuidar el vehículo humano y reconocer su verdadero valor, importancia y longevidad. De esta manera, también respetamos los "vehículos" de los demás, al mismo tiempo que reconocemos la necesidad del crecimiento evolutivo de los espíritus titulares.

## Dañar el cuerpo de un animal

Al igual que con el vehículo humano encarnado, causar daño físico de forma consciente y deliberada a un vehículo "animal" encarnado no es el comportamiento de un individuo "encarnado" evolucionado y provoca un karma tremendo y un apego de baja frecuencia. Esto es especialmente cierto cuando el acto de causar daño produce placer.

Debemos reconocer que los espíritus que encarnan como animales son regalos muy especiales para nosotros en este nivel de frecuencia, ya que nos proporcionan el amor incondicional y la compañía que tanto necesitamos.

Aunque no son iguales energéticamente a los que encarnan en el vehículo humano, los espíritus animales también se encuentran en la escala evolutiva y responden positivamente al amor, el cuidado y la felicidad humanos. También son unidades individualizadas de nuestra Entidad Fuente, nuestro Dios.

En muchos casos, los espíritus animales asumen cargas pesadas por nosotros en nuestra lucha diaria por la supervivencia en el universo físico, incluyendo ser un componente esencial de la ecosfera. Como tal, el vehículo animal encarnado debe ser respetado y mantenido de la misma manera que cuidamos nuestros propios vehículos humanos encarnados.

Invocamos el antídoto contra la acumulación de energía de baja frecuencia cuando reconocemos la verdadera naturaleza de los animales como "uno con Dios" y, por lo tanto, creados en igualdad con nuestro ser energético. Sin embargo, en esencia, tienen un mayor nivel de pureza cuando encarnan, ya que son plenamente conscientes del hecho de que, en la mayoría de los casos, dependen de la buena voluntad de la humanidad encarnada para su progreso evolutivo. Este nivel de pureza es algo a lo que la humanidad encarnada debería aspirar.

## *Dañar la flora*

Dañar física y deliberadamente un árbol, una planta o un vegetal es un acto de violencia contra un aspecto de nuestro entorno físico, la naturaleza y, por lo tanto, contra nuestro Creador, la Entidad Fuente. Por lo tanto, cometer actos violentos contra la flora genera karma relacionado con la flora.

Aunque la humanidad encarnada lo percibe como una forma de vida inferior, el reino de la flora es extremadamente importante, tanto desde una perspectiva física como energética, para la perpetuación del entorno que sustenta la forma física humana.

Es evidente que tenemos la autoridad para utilizar la naturaleza para alimentarnos, vestirnos y alojarnos, y esto se acepta como algo esencial para nuestro bienestar. Incurrimos en karma relacionado con la flora cuando abusamos de esta autoridad por codicia personal o corporativa o por deseos mal orientados y destruimos o no mantenemos aquellos aspectos de la naturaleza que están disponibles para ayudarnos a perpetuar nuestros vehículos encarnados.

Es tan importante limpiar el karma relacionado con la flora como el karma acumulado normalmente, ya que ambos son funciones de acciones de baja frecuencia.

El antídoto en este caso es estar "en alegría" con la flora que nos rodea. Debemos nutrirla, atender sus necesidades y mantenerla, al mismo tiempo que reconocemos cómo podemos maximizar el potencial de la naturaleza para la evolución, ya que puede evolucionar y lo hace cuando vivimos en armonía con ella.

## *Desperdiciar recursos naturales*

Los minerales que utilizamos para crear metales, cerámicas, combustibles y otros materiales son un regalo que nos ha dado la Tierra. La Tierra, en su sintiencia, reconoce que nuestros vehículos "humanos" encarnados son las herramientas que utilizamos para acelerar nuestra evolución y, como tal, apoya lo que hacemos con sus minerales, siempre y cuando los utilicemos para una existencia de alta frecuencia que resulte en un aumento del contenido evolutivo.

Cuando abusamos de este regalo mediante técnicas inadecuadas de minería, extracción y refinado debido a la codicia personal y corporativa, la Tierra sufre las consecuencias y nosotros acumulamos karma "basado en la Tierra".

La extracción inadecuada de minerales provoca un desequilibrio en la ecosfera que afecta a la estabilidad de la corteza terrestre, así como a sus propiedades magnéticas, la atmósfera y los sistemas meteorológicos. Esto crea un mayor desequilibrio y, en última instancia, afecta negativamente a la capacidad de la humanidad encarnada para trabajar con la Tierra y atraer contenido evolutivo.

Cuando nos damos cuenta de que la Tierra es nuestra benefactora y trabajamos con ella de una manera armoniosa y de alta frecuencia, ayudamos a maximizar el contenido evolutivo de la Tierra y, como resultado, negamos los vínculos kármicos con ella.

*Hacer comparaciones*

Cuando hacemos comparaciones de cualquier tipo, esto genera descontento en nuestro interior, lo que a su vez genera más comparaciones que conducen a una depresión leve. La depresión leve se alimenta del descontento generado por las comparaciones, lo que crea un bucle en espiral descendente que conduce a una depresión grave. Esta espiral descendente es

Evitando el Karma

extremadamente difícil de reconocer en nosotros mismos y aún más difícil de revertir.

Sin embargo, la comparación también puede utilizarse como antídoto o incluso puede negar el inicio potencial de esta condición si la utilizamos correctamente y con cuidado observacional. Si se hace correctamente, comparar dónde estamos en lugar de dónde estábamos puede proporcionar una función espiritual. Por lo tanto, al observar lo que hemos logrado personalmente y, por lo tanto, compararnos con nosotros mismos, podemos crear un nivel de satisfacción y felicidad.

Cuando estamos felices y satisfechos con lo que hemos logrado, nos invade una cálida sensación que ilumina la oscuridad y, como resultado, eleva nuestras frecuencias. Así, se crea un bucle en espiral ascendente que da lugar a una función iluminada y a una ascensión frecuencial repetida.

*Quejarse: una intoxicación de baja frecuencia*

Quejarse de nuestra posición, estatus, situación, falta de capacidad, falta de ayuda, salud o incluso de que sentimos que se nos ha tratado injustamente de alguna manera es una función de la intoxicación de baja frecuencia.

La intoxicación de baja frecuencia es una función kármica que hace que nos sumerjamos tanto en la existencia física que olvidamos que estamos aquí para experimentar, aprender y evolucionar. Nos hace olvidar que esta existencia es una ilusión, una ilusión MUY temporal en el mejor de los casos.

Estamos "encarnados" aquí para experimentar pensamientos y/o sentimientos de baja frecuencia y aprender a vencerlos y, así, evolucionar en el proceso.

Cuando podemos adoptar la herramienta tan útil del "yo observador", podemos identificar la aparición temprana de tales pensamientos y reconocerlos por lo que son: signos de intoxicación de baja frecuencia. Cuando reconocemos esto, entonces seremos capaces de tener éxito frente a la adversidad de baja frecuencia.

## *La necesidad de tener el control*

Tener el "control" es como confiar en un falso amigo. Aunque el control es útil en situaciones que requieren que nos controlemos a nosotros mismos y a los demás, como en emergencias o situaciones de crisis, fuera de esos contextos resulta perjudicial. El control es perjudicial cuando lo aplicamos de forma inadecuada a nosotros mismos o a terceros.

Cuando aplicamos un control innecesario sobre nosotros mismos durante nuestra existencia cotidiana, corremos el riesgo de perder esas respuestas espontáneas necesarias para aprovechar las oportunidades "inesperadas" que nos permiten experimentar algo nuevo. Este tipo de oportunidades suelen ser ejemplos de circunstancias que nos brindan nuestros guías espirituales y ayudantes porque necesitamos cambiar o necesitamos un cambio. Esto se denomina "dejarse llevar", lo cual no puede suceder si somos demasiado autocontrolados o siempre necesitamos "tener el control". En este caso, nuestro autocontrol limita nuestra capacidad para acceder a información de mayor frecuencia y nos mantiene en las frecuencias más bajas, lo cual es una función del karma.

Cuando controlamos a otros (terceros), nos sentimos tentados a utilizar a aquellos que están bajo nuestro control en beneficio propio y no en beneficio de ellos. Aunque nos sintamos justificados o incluso encantados o felices por tener el control, el sentimiento de justificación/alegría en este caso es ese aspecto del control que nos dice que es un falso amigo, ya que no deberíamos sentirnos felices ni capaces de justificar el hecho de controlar a otros.

*Comparar y contrastar*

El contraste es una función poco conocida y mayormente ignorada de la comparación. Cuando comparamos y contrastamos nuestras situaciones con respecto a las situaciones de los demás, juzgamos las diferencias y sacamos conclusiones sobre la aceptabilidad de estas diferencias. Lo hacemos a la luz de nuestro nuevo "estándar" de una situación potencialmente mejor para nosotros, aunque tal vez no lo sea.

Sin embargo, si utilizáramos el contraste como un medio para establecer dónde podemos ayudar a otros que son menos capaces de proveer para sí mismos, entonces podríamos convertir esta oportunidad potencial de acumular karma de baja frecuencia en una oportunidad para ganar karma de alta frecuencia y el contenido evolutivo relativo. Esto es especialmente pertinente cuando buscamos utilizar el "contraste" como un medio para establecer lo que podemos proporcionar a un grupo de individuos cuyas condiciones de vida son pobres en contraste con las nuestras.

En este caso, estamos activando el contenido evolutivo alineado con nuestro ser de servicio, en lugar de caer en la resbaladiza pendiente frecuencial de la insatisfacción con nuestra situación actual en contraste con un estándar más alto, que puede ser apropiado o no.

*Atraer el karma positivo a través de la alegría*

Experimentar la alegría en nuestra vida encarnada es tocar la fibra sensible de la existencia de alta frecuencia.

Cuando "disfrutamos", estamos "en alegría". Cuando estamos "en alegría", estamos en sintonía con todas las cosas y todas las cosas están en sintonía con nosotros. Este sentimiento es una señal de que estamos experimentando las altas frecuencias del espíritu mientras estamos encarnados.

## Evitando el Karma

Es importante que intentemos aferrarnos a las situaciones en las que estamos "en alegría", recordarlas y luego llevarlas con nosotros, junto con ese sentimiento, dondequiera que vayamos. Las reforzamos añadiendo otros momentos y situaciones en los que estuvimos "en alegría". De esta manera, creamos una imagen completa de la alegría y de lo que disfrutamos.

Cuando conocemos y buscamos aquello que nos trae alegría y estamos en un estado continuo de alegría, automáticamente elevamos nuestras frecuencias básicas. Hacerlo nos permite experimentar una nueva alegría, una alegría siempre nueva cada vez que estamos en alegría.

A medida que experimentamos frecuencias cada vez más altas, negamos la influencia de las frecuencias más bajas, por mucho que intenten deprimirnos. En este proceso ascendemos por encima de la influencia del karma. De esta manera nos acercamos a nuestro Creador y experimentamos la alegría suprema de ser uno con Dios.

## *Ser feliz*

La felicidad es un producto de la alegría y es un ejemplo visible de un estado de existencia, pensamiento y ser alegres.

La felicidad personal es el efecto a largo plazo de estar "en alegría" y tiende puentes entre las experiencias alegres. El ciclo "alegría-felicidad-alegría-felicidad-alegría" es una forma profundamente eficaz de aumentar nuestras frecuencias, especialmente cuando la experiencia de alegría y la consiguiente producción de felicidad son el resultado de la actividad espiritual.

De esta manera, podemos acelerar nuestro contenido evolutivo mientras disfrutamos del proceso de ganar evolución y estamos felices con el resultado y los efectos duraderos de tales ganancias.

En esencia, cuando tenemos el ciclo "alegría-felicidad-alegría-felicidad-alegría" completamente establecido, somos capaces de sentir una alegría y una felicidad siempre nuevas, sin brechas ni pérdida de la frecuencia asociada. Como resultado, podemos aumentar nuestras frecuencias básicas y ascendemos en el proceso.

*Estar en el amor verdadero*

El amor es el verdadero antídoto contra todas las influencias kármicas. Cuando estamos "enamorados", estamos en paz y armonía con todo y con todos.

No se trata del amor en el sentido humano, sino en el sentido espiritual o energético. El amor humano se basa en la atracción física, mientras que el amor espiritual/energético se basa en la

## Evitando el Karma

comprensión y la plena apreciación de la interconexión de todo lo que "es".

Cuando experimentamos el "amor verdadero", comprendemos las razones subyacentes de todo lo que sucede a nuestro alrededor. Todo lo que hacen todas las cosas y todas las personas tiene un propósito y un significado. Cuando esto se reconoce y se comprende como tal, incluso las llamadas "malas acciones" se reconocen como algo que tiene un propósito. Este propósito es nuestra necesidad de experimentar, aprender de esa experiencia y, posteriormente, obtener contenido evolutivo.

Estar en el "amor verdadero" nos permite entonces comprender completamente el proceso de la existencia encarnada. Nos permite ver la belleza en todo y en todos, perdonar las malas acciones incluso antes de que ocurran y no tener enemigos. Es entonces cuando nos damos cuenta de que todos somos compañeros encarnados que se esfuerzan por evolucionar de la misma manera que nosotros, con todo en orden divino.

Cuando estamos en el "amor verdadero", no albergamos rencor, no hacemos nada que atraiga pensamientos de baja frecuencia y ayudamos a todo y a todos en todas las circunstancias. En el proceso, no incurrimos en karma.

## Cometer suicidio

El suicidio es un método para obtener un karma instantáneo masivo. El karma acumulado como resultado del suicidio se obtiene de dos maneras:

En primer lugar, por profanar de manera terminal el don del vehículo físico, ya que estos son escasos en comparación con el gran número de entidades energéticas que solicitan la existencia encarnada; y...

En segundo lugar, no como resultado del acto del suicidio, sino como resultado de la asociación con las frecuencias más bajas que dieron lugar al deseo de cometer el acto del suicidio.

En esencia, la primera forma de obtener karma basado en el suicidio es el resultado de la segunda forma.

## Reconocer el karma instantáneo

Si causamos algún tipo de sufrimiento a otra persona y luego recibimos lo que le dimos a esa persona, o si lo recibimos de otra persona, esto es un ejemplo de "karma instantáneo" o "retribución divina".

Recibir karma instantáneo puede ser útil por dos razones: 1) no estamos atados al ciclo kármico como resultado de la entrega de aquello que provocó el karma instantáneo, porque recibimos una acción equivalente a cambio; y 2) podemos aprender del error y corregirlo muy rápidamente si somos lo suficientemente observadores como para reconocer la situación como una función del karma instantáneo.

El karma instantáneo, también clasificado como retribución divina, se produce cuando se lleva a cabo una función adicional que es invisible para la persona que causó el sufrimiento a otra (el causante del sufrimiento), la persona que sufrió el incidente causado por otra (la "víctima" secundaria) y la tercera parte "causante" que devuelve ese sufrimiento a la persona que fue inicialmente perjudicada. Esta función es la capacidad subyacente de la tercera parte para saldar el karma anterior y similar con la primera parte, lo que luego limpia ese vínculo kármico en particular.

Al igual que todo lo que hacemos cuando encarnamos, esto depende de un nivel significativo de logística que se lleva a cabo entre bastidores espirituales, con nuestros guías y ayudantes trabajando duro para asistirnos a nosotros y a aquellos con quienes interactuamos, de modo que podamos experimentar, aprender, evolucionar y limpiar el karma a lo largo del camino. Este es, sin duda, un método divino para limpiar el karma.

## Elegir a nuestros amigos

Es importante que tengamos cuidado con los falsos amigos, aquellos que nos llevan hacia placeres de baja frecuencia, como las sensaciones físicas o cualquier forma de materialismo o chisme, ya que solo nos ayudan a adquirir una adicción a la existencia de baja frecuencia.

Un verdadero amigo es aquel que trabaja para el avance espiritual y evita cualquier cosa que no se centre en ese objetivo.

Un verdadero amigo es aquel que busca los placeres muy simples de la existencia encarnada, aquellos que se obtienen a través de una vida correcta y la meditación sobre la realidad superior, en lugar de la gratificación instantánea que la fisicalidad ofrece y exige de los demás.

## Evitar el apego

El apego en el sentido humano, es decir, el apego a otra persona también es una forma muy eficaz de permanecer en una existencia de baja frecuencia. En este caso, el apego no es amor, sino la "necesidad" de estar cerca o en la "presencia" de un determinado individuo o de la fisicidad de ese individuo.

El apego es, por lo tanto, una forma de materialismo, pero como está relacionado con la necesidad de "presencia personal", no se reconoce fácilmente como tal.

El apego afecta tanto al "iniciador" del apego como al "foco" del apego, como resultado de un vínculo energético entre ambos. Mantener al "iniciador" y al "foco" vinculados a las frecuencias asociadas con su fisicalidad, lo cual es una función kármica, retrasa la capacidad tanto del "iniciador" como del "foco" para ascender en las frecuencias, creando así un ciclo kármico.

Es evidente que creamos apegos hacia nuestros seres queridos durante nuestra encarnación, pero no debemos aferrarnos a ellos y permanecer apegados cuando están en proceso de terminar sus encarnaciones, ya que esto mantiene tanto al "iniciador" como al "foco" en las frecuencias más bajas.

Planificamos nuestra salida de lo físico de manera que se maximice nuestra oportunidad experiencial y evolutiva posterior dentro de un marco temporal de encarnación conocido.

Desgraciadamente, esto puede no ser del agrado de quien ha iniciado o creado el apego. En este caso, debemos aceptar que el método de salida está predeterminado y, por lo tanto, respetarlo y honrarlo. Es el momento de enviarles verdadero amor "sin apego", conscientes de que al no tener apego o eliminarlo activamente, les estamos ayudando a evolucionar y no les estamos reteniendo en las frecuencias más bajas de lo físico.

## *Estar en el Amor Divino*

El enamoramiento es una forma de apego significativamente más fuerte. Es estar totalmente absorto en la fisicidad de otra persona hasta el punto de una distracción casi perfecta. En esta situación, ignoramos nuestra necesidad de atender las actividades de las que somos responsables, específicamente cuando estamos en presencia física del foco de nuestro enamoramiento.

El enamoramiento puede ser, y a menudo lo es, disfrazado de amor. Cuando sentimos que estamos enamorados y no enamorados, somos ciegos a sus efectos dañinos. El único antídoto en este caso es, ante todo, estar en el amor divino y no en el amor humano; al hacerlo, trascendemos la atracción por la condición física y eliminamos la oportunidad de atraer el karma.

Ni el apego ni el enamoramiento pueden sostenerse cuando estamos en el amor divino, porque cuando estamos en el amor divino, estamos en sintonía con todas las cosas, y todas las cosas están en sintonía con nosotros. Cuando estamos en el amor divino, nos damos cuenta del estado transitorio de lo físico con todas sus atracciones y adicciones y, por lo tanto, no nos afectan esos atractivos de baja frecuencia.

*Lograr el desapego*

El desapego puede ser tanto una ayuda como un obstáculo cuando se trata de la atracción de baja frecuencia.

Si nos desapegamos de la existencia de alta frecuencia como resultado de alguna forma de distracción que nos hace pensar que lo físico grueso es "todo lo que hay", entonces quedamos atrapados y sucumbimos a los estímulos de baja frecuencia que nos ofrece el entorno físico grueso. Este desafortunado proceso da lugar a una "ceguera de la realidad", ya que nos enfocamos en todas las formas de materialismo.

Si nos desprendemos de las distracciones de baja frecuencia de lo físico grueso que se producen de forma habitual, entonces podemos mantener nuestra existencia de alta frecuencia mientras estamos encarnados. Crecemos a medida que experimentamos estas distracciones, las reconocemos, aprendemos de ellas y actuamos correctamente. Posteriormente, evolucionamos como resultado de su efecto transitorio. Aunque el efecto es transitorio, en este caso es beneficioso porque reconocemos lo que es, una función de la existencia de baja frecuencia. Es una oportunidad para que nosotros, como entidades encarnadas, reconozcamos lo que nos afecta. Cuando "vemos, sentimos y sabemos" la razón de su existencia y tomamos el camino correcto, negamos su influencia y la convertimos en karma positivo que nos permite ascender en frecuencia como resultado.

*Sentir el amor divino*

El amor divino nos rodea. Impregna el multiverso y, por lo tanto, forma parte de nuestro ser.

Sin embargo, si el amor divino lo impregna todo, ¿por qué no lo sienten todas las personas y todas las cosas en todo momento?

La razón por la que no somos capaces de sentir el amor divino es porque nos sumergimos en las funciones cotidianas de la existencia en el plano físico grueso.

Estamos aquí para experimentar los mínimos detalles de la vida encarnada, pero a menudo son distracciones importantes. Si somos capaces de tomarnos un descanso regular de nuestros compromisos diarios y dedicar tiempo a la meditación y a la apreciación de todo lo que nos rodea, entonces podemos conectarnos con las energías que son la base del universo físico grueso y, por lo tanto, del multiverso.

Estas energías fueron utilizadas por la Fuente en la creación del multiverso al renunciar a parte de sí misma. La Fuente es amor divino y ama a todos y a todo lo que ha creado. Somos uno con la Fuente, y la Fuente es uno con nosotros. SOMOS LA FUENTE y, por lo tanto, estamos en el amor, el amor divino, todo el tiempo.

Todo lo que tenemos que hacer es reconocerlo abriendo nuestros corazones durante la meditación y aceptando todo lo que es. Esto nos permitirá ver más allá de lo físico, conectarnos con todos y con todo, y reconocer que todos somos uno, todos uno en el amor divino.

*Alineándonos con el conocimiento divino*

Cuando nos alineamos con el conocimiento divino o cósmico, nos alejamos de las imprecisiones que presentan las frecuencias más bajas del universo físico. Cuando estamos alineados con lo divino, vemos más allá de la fachada de lo físico y lo vemos tal y como es: un modo de experiencia diseñado para acelerar nuestra evolución a través de las dificultades.

Cuando estamos alineados con el conocimiento divino, podemos trabajar con los desafíos que se nos presentan con plena conciencia de lo que estamos experimentando y por qué lo estamos experimentando en un momento concreto de nuestra existencia encarnada. Esto nos permite sacar el máximo partido

Evitando el Karma

de las situaciones y elimina nuestra necesidad de experimentar lo mismo por no haber aprendido la "lección" la primera vez.

Para alinearnos con el conocimiento divino, debemos ser diligentes en reservar un tiempo no negociable para meditar con el corazón abierto y la mente vacía. Hacerlo permite que la realidad superior del conocimiento divino supere la "pequeña realidad" transitoria del conocimiento personal que creamos mientras estamos encarnados.

Solo podemos alinearnos con el conocimiento divino a través de la dedicación a conocer la verdad y la devoción a los caminos necesarios que nos permiten abrir la puerta a la verdad. Es el trabajo de toda una vida, pero vale la pena.

*Acumulación de karma retrospectivo*

El karma retrospectivo se basa en que nos vemos arrastrados de nuevo a discusiones o argumentos sobre lo que ocurrió en el pasado o en Espacios de Eventos (tiempos) anteriores. Cuando nos vemos envueltos en chismes sobre lo que ocurrió en el pasado, no solo nos sentimos atraídos por esas existencias de baja frecuencia basadas en ese Espacio de Eventos, sino también por aquellos eventos de baja frecuencia que estaban en acción en los Espacios de Eventos anteriores que condujeron a las bajas frecuencias. Esto da como resultado un recuerdo "basado en la inmersión total" de lo que se experimentó con frecuencia.

Por lo tanto, el karma se acumula de dos maneras: 1) el que acumulamos actualmente; y 2) el que acumulamos al vivir en el pasado, de forma retrospectiva.

Existimos en el Espacio de Eventos, no en el tiempo, y como tal, el Espacio de Eventos no tiene límites. El Espacio de Eventos existe de forma simultánea. Como resultado, todo lo que está relacionado con lo que llamamos tiempo (pasado, presente y futuro) existe simultáneamente en diferentes "esferas" de eventos en áreas específicas del espacio que impregnan el multiverso y más allá. Debido a que el Espacio de Eventos siempre está con nosotros, es fácil para nosotros acumular karma retrospectivamente, y muchas encarnaciones atraen el karma de esta manera.

El único antídoto es que vivamos el momento y nos neguemos a dejarnos arrastrar por discusiones sobre acontecimientos negativos pasados o sobre lo que podría suceder en el futuro, basándonos en las tendencias actuales. Para ello, debemos dar las gracias a los antagonistas y despedirnos de ellos, buscando en su lugar una buena compañía espiritualmente consciente.

*Existir en una esfera de dos años*

Como seres encarnados, existimos en una esfera de dos años en la que solo nos relacionamos con lo que ocurrió en Espacios de Eventos hasta los doce meses anteriores y aquellos Espacios de

## Evitando el Karma

Eventos que se relacionan con nuestros planes dentro de los próximos doce meses. Cuando existimos de esta manera, estamos constantemente expuestos a experiencias similares o iguales, a menos que seamos capaces de aplicar el contenido de las lecciones aprendidas en experiencias anteriores y similares.

Solo cuando tenemos un evento que nos hace reenfocarnos, como un accidente, un problema de salud o un problema laboral, traemos eventos de Espacios de Eventos "relacionados" anteriores fuera de la esfera de dos años para ayudarnos a resolver el problema o introducir los procesos necesarios para reenfocarnos. En estos casos, salimos de la realidad física actual y abarcamos la "realidad mayor" inclusiva que incluye eventos pasados, presentes y futuros. Los acontecimientos futuros solo están disponibles para aquellos que tienen cierto contenido evolutivo y los consiguientes aspectos de frecuencia base que sustentan la clarividencia, la clariaudiencia y la clarisintiencia, etc.

Recurrir a experiencias de Espacios de Eventos fuera de la esfera de los dos años es una clara ventaja, ya que así podemos reconocer las oportunidades para no cometer errores similares a los cometidos anteriormente y, por lo tanto, no incurrir en karma cíclico. Por lo tanto, el antídoto es nuestra capacidad de existir dentro de la esfera de dos años, viviendo en el momento tanto como sea posible, mientras aprovechamos las experiencias de eventos fuera de la esfera de dos años tanto como sea posible. Es preferible aprender la lección una vez y aplicar ese aprendizaje a nuestras experiencias actuales que experimentar y lidiar con esa experiencia como si fuera la primera vez.

## Reconocer acciones/reacciones anteriores

El karma cíclico se repite de una manera cíclica conocida cuando no hemos aprendido lo suficiente una lección específica como para garantizar que nuestra exposición repetida a ella nos lleve a elegir la acción "educada" correcta. Su función es doble: 1) exponernos a experiencias similares que logran el mismo resultado kármico si no se reconoce el original, y 2) comprobar si hemos aprendido el proceso que creó el vínculo kármico en primer lugar.

Cuando reconocemos los procesos que dan lugar a experiencias iguales o similares, entonces podemos actuar para asegurarnos de que damos la respuesta correcta cada vez que nos exponemos a estas experiencias. De esta manera, rompemos el ciclo del karma cíclico.

En este caso, el antídoto es que estemos atentos, buscando aquello que se repite y observando cómo respondemos. Nuestro objetivo es esforzarnos por no repetir las respuestas que dieron lugar a que no aprendiéramos completamente la lección y se repitiera el vínculo kármico.

## *Evitar el karma cíclico*

El karma descendente es un karma repetitivo (cíclico) que da lugar a una atracción gradual pero cada vez mayor hacia una existencia de menor frecuencia, con una severidad adicionalmente creciente. En este caso, nuestro karma acumulado atrae más karma (frecuencias más bajas) cuanto más ignoramos las repetidas oportunidades de aprendizaje y elegimos activamente evitar las medidas correctivas necesarias para detener su desarrollo.

Cuando estamos atrapados en las garras del karma en espiral descendente, es extremadamente difícil, si no imposible, revertir la tendencia por nuestra cuenta, a menos, por supuesto, que esto sea parte de nuestro plan de vida. En este caso, debemos aceptar las observaciones y comentarios de quienes nos rodean y pueden ver la espiral descendente, y aceptar la ayuda que nos ofrecen. Esto requiere humildad por nuestra parte, lo cual es un proceso mental difícil de adoptar cuando estamos "en medio" de la espiral. También necesitamos amigos verdaderamente "resilientes" que nos ayuden cuando estamos atrapados en este tipo de karma, ya que se encontrarán con muchos episodios de resistencia en los que no se les agradecerá su ayuda.

## *Estar en duelo*

El duelo es una parte esencial de nuestra existencia experiencial en lo físico; sin embargo, si se lleva demasiado lejos, puede convertirse en una trampa de lo físico que conduce al karma.

El duelo en sí mismo se enfoca en nuestras pérdidas personales, que se ven aumentadas por el paso de una multitud de experiencias compartidas basadas en la presencia física de un individuo.

El duelo nos causa un gran dolor, que no es un fiel reflejo de las experiencias que hemos disfrutado; por lo tanto, distorsiona y domina los recuerdos de las alegrías vividas anteriormente.

Aunque puede resultar difícil, el antídoto consiste en cambiar el enfoque de la pérdida inmediata y reflexionar sobre los años de alegría vividos en presencia del encarnado que ahora ha abandonado la forma física y ha ascendido de nuevo a las frecuencias naturales de su domicilio. No debemos quedarnos anclados en el pasado (Espacios de Eventos anteriores), ya que esto es otra forma de karma. En cambio, es prudente recordar con nostalgia que nuestra vida encarnada juntos fue toda una aventura y planificar la siguiente.

## Vivir en el pasado

Vivir en el pasado es una trampa de lo físico que conduce al karma. Nos lleva a la comparación, la insatisfacción, la reflexión negativa y la incapacidad de estar en el presente. El objetivo de estar en el presente y no en el pasado es que tomemos lo que se experimentó en el pasado y lo utilicemos para influir en las respuestas correctas a los retos que se nos presentan en el "ahora".

Decir que podríamos haberlo hecho mejor al reflexionar sobre las acciones que realizamos en el pasado, basándonos en lo que sabíamos en ese momento, o pensar/afirmar que "las cosas" eran mejores en el pasado, solo crea insatisfacción con nuestro rendimiento pasado. Esto crea un régimen continuo de reflexión negativa.

Actuamos y reaccionamos basándonos en nuestra experiencia y capacidad para lidiar con lo que se nos presenta. La forma en que determinamos la "calidad de un evento" es cómo lidiamos con lo que se nos presenta utilizando las herramientas de nuestra capacidad y experiencia previa. Aceptar que nuestra reacción y nuestra actuación fueron lo mejor que podíamos haber logrado en esas circunstancias se denomina "vivir en el ahora". Cuando reconocemos esto, se niega nuestra necesidad de referirnos constantemente al pasado en comparación con el "presente cercano" o el "ahora". Esto nos permite avanzar en nuestro crecimiento evolutivo en lugar de convertir lo logrado en una función del karma, basado en el rendimiento físico.

Esto no niega la necesidad de aprender de nuestros errores, pero sí niega la necesidad de castigarnos cuando detectamos nuestros "errores" retrospectivamente.

*Estar agradecidos*

Cuando mostramos gratitud por una buena acción que alguien nos brinda, esto fomenta más buenas acciones. Podemos expresar gratitud cuando recibimos personalmente una buena acción, así como cuando alguien más la recibe. De hecho, expresar gratitud es una muestra de reconocimiento no solo por la acción en sí y su importancia, sino también por la consideración de quien la realiza al ver nuestras necesidades o las de los demás.

Sin embargo, no debemos mostrar una gratitud falsa que se limite a reconocer el acto por el simple hecho de reconocerlo, ya que esto es tan negativo como no mostrar gratitud alguna.

El simple hecho de apreciar lo que se ha hecho por nosotros o por otros extiende la gratitud hacia lo que se ha hecho de forma pasiva. La gratitud pasiva es "recibida" con energía por quien ha realizado el buen acto, así como un estímulo subliminal.

La promoción de las buenas acciones a través de la gratitud es, por lo tanto, un acelerador. Aquí hay un patrón. Cuanto más ánimo recibamos nosotros u otros a través de la gratitud verdaderamente dada o recibida, más buenas acciones haremos nosotros u otros, elevándonos finalmente al nivel en el que las buenas acciones son normales para nosotros, y ya no necesitaremos reconocimiento por ellas. En este punto de nuestro desarrollo, estaremos en verdadero servicio, evitando el karma en el proceso.

## *Ser conscientes*

Ser conscientes de cómo funcionamos mientras estamos encarnados es una herramienta excelente en nuestra batalla contra la acumulación de karma. Ser conscientes significa que nos damos tiempo suficiente para pensar en cuál es nuestro entorno, cómo nos afecta, cómo nos afectan las personas y las cosas que hay en él, y cómo podemos lidiar de manera eficiente con quienes y lo que nos afecta sin crear apegos de baja frecuencia de ningún tipo: transitorios, a corto, medio o largo plazo.

En este caso, como seres encarnados conscientes, podemos ver todos los posibles vínculos con respuestas o reacciones de baja frecuencia o generadoras de karma, de modo que podemos evitarlas con facilidad y maximizar su potencial evolutivo encarnado en cada oportunidad. Esto es cierto incluso en entornos o condiciones adversas.

## Obtener una apreciación consciente

La apreciación a través de la atención plena es una forma muy poderosa de sintonizar con la funcionalidad del universo físico en el que existimos.

Si somos lo suficientemente conscientes como para ver más allá de nuestra experiencia inicial y observar la belleza en las propiedades interactivas de lo que estamos experimentando, entonces podemos aceptar cada experiencia y todo lo que nos aporta con una apreciación de las oportunidades evolutivas subyacentes que se nos presentan y darles la bienvenida con los brazos abiertos, evitando así las fuerzas kármicas.

## Observar los detalles

Cuando mostramos aprecio a través de la atención plena, esto nos permite experimentar los detalles más minuciosos de la existencia física. Por ejemplo, podemos observar el trabajo que hay detrás de la presentación de los alimentos que comemos.

Podemos hacerlo desde muchas perspectivas, por ejemplo, viendo o pensando en la plantación de una semilla, el cultivo y el cuidado de la verdura, la cosecha, el lavado y la preparación para la venta, el transporte desde la granja hasta la tienda y luego hasta nuestra despensa, y desde nuestra despensa hasta la cocina, y luego observando todo el trabajo del cocinero o chef para llevarlo a nuestro plato. Observamos parte o todo el trabajo realizado para que podamos degustar y experimentar estos alimentos, así como la energía que obtenemos y el entusiasmo que sentimos cuando nos revitalizan.

Cuando estamos agradecidos a través de la atención plena y reconocemos el trabajo necesario para proporcionarnos lo que necesitamos en nuestra existencia encarnada cotidiana, no ofrecemos negatividad y estamos agradecidos por lo que recibimos, independientemente de lo que sea. Damos las gracias y aliento. Al hacerlo, promovemos respuestas de alta frecuencia en el proceso y evitamos las posibles respuestas de baja frecuencia relacionadas con el karma.

*Equilibrando nuestras experiencias*

Las experiencias que clasificamos como malas o "subóptimas", como la pérdida de un ser querido, la pérdida de un puesto de poder o responsabilidad, un accidente con nuestro vehículo motorizado o un bote de pintura que se derrama sobre la alfombra mientras decoramos nuestra casa, forman parte de nuestro conjunto equilibrado de experiencias en el plano físico.

Esperamos que nos sucedan cosas buenas todo el tiempo mientras estamos encarnados y, como tal, tendemos a centrarnos solo en aquellas cosas que clasificamos como buenas u "óptimas". Ignoramos la importancia de experimentar las situaciones llamadas malas o "subóptimas". Sin embargo, es la forma en que respondemos a estas experiencias subóptimas en comparación con las óptimas lo que determina si nos consumimos o no por estar "en" la experiencia.

Cuando experimentamos acontecimientos óptimos y les prestamos poca o ninguna atención, somos "parte de ellos", pero "no somos ellos", a menos, por supuesto, que el ego tenga un papel que desempeñar en la experiencia óptima. Cuando experimentamos acontecimientos subóptimos, les prestamos mucha atención y nos convertimos "en ellos", pero no "somos parte de ellos". En este último caso, olvidamos el panorama general que estas experiencias incluyen, y el resultado es una atracción involuntaria hacia las respuestas de menor frecuencia asociadas con la experiencia a través de emociones, como la decepción.

El antídoto que se menciona varias veces a lo largo de esta guía es tomar distancia y ver qué nos ofrece la experiencia como lección. Debemos tomarnos el tiempo para ver cuál es la respuesta correcta. ¿Hemos aprendido la lección y obtenido el contenido evolutivo atribuido a la experiencia? Con este conocimiento en mente, podemos ver la belleza y la oportunidad de la experiencia y luego elevarnos por encima de la posibilidad de quedar atrapados en las frecuencias más bajas.

## Sonreír ante la adversidad

Sonreír ante la adversidad es una forma excelente de permanecer en una existencia de alta frecuencia mientras estamos encarnados. Sonreír ante la adversidad significa que no nos consumen las frecuencias más bajas de la situación adversa, sino que nos "alegramos" por la oportunidad de afrontar los retos que se nos presentan.

## Recordar: la clave para evitar el karma

El recuerdo, en particular de quiénes y qué somos y por qué estamos aquí, es la clave definitiva para evitar el karma.

A través de meditaciones diarias diligentes, nosotros, como individuos encarnados, podemos establecer comunión con la realidad superior. De este modo, obtenemos el consuelo de que la existencia encarnada no es más que una parte transitoria de nuestra existencia total y comprendemos nuestro papel dentro de ella. Esto nos permite profundizar en "lo que es", lo que nos

Evitando el Karma

permitirá acceder a niveles sin explotar de nuestros recuerdos energéticos y, por lo tanto, aumentar nuestros niveles de "conocimiento", que "es" una función del recuerdo.

Cuando estamos en el "recuerdo", sabemos cómo reaccionar de manera óptima ante todas las experiencias en todos los entornos y navegar con facilidad a través de la vorágine de oportunidades para el apego de baja frecuencia, evitando así el karma.

*Palabras de sabiduría de la Entidad Fuente para evitar el karma*

En esta sección he incluido varias "palabras de sabiduría" de la Entidad Fuente que consideré que debían acompañar a las formas de evitar el karma presentadas en este libro. Cada una de ellas ha sido elegida específicamente por la forma en que complementa la orientación ya dada. De hecho, en términos de consejo, cada una es más que capaz de "valerse por sí misma", por así decirlo, y es por eso por lo que se incluye.

Cuando la Fuente utiliza la palabra "nosotros", se considera a sí misma como uno con todos nosotros, como nosotros. A medida que experimentamos, Ella experimenta. A medida que aprendemos, Ella aprende. A medida que evolucionamos, Ella evoluciona.

Debemos convertirnos en nuestros propios gurús y detenernos a considerar lo que se nos presenta a través de las experiencias y plantearnos una serie de hipótesis antes de decidir qué hacer. A continuación, elegimos la respuesta óptima y registramos el resultado. Si la respuesta elegida no era la óptima, analizamos qué nos llevó a elegirla en primer lugar y tomamos nota mentalmente para no repetirla en esa situación.

Cuando aprendemos al elegir ciertas respuestas y registrar mentalmente los resultados, desarrollamos una base de datos de caminos o procesos conocidos que podemos seguir cuando nos enfrentamos a una nueva experiencia similar. De este modo, nos aseguramos de que nuestra respuesta será acertada la próxima vez y en adelante. En esencia, cuando aprendemos las lecciones y aplicamos ese aprendizaje con firmeza, no solo somos buenos alumnos, sino también buenos profesores, ya que el alumno y el profesor son uno y lo mismo.

La luz interior es la luz exterior. A menos que seamos capaces de aceptar que nuestra luz está dentro de nosotros, no brillaremos en el exterior. Cuando aceptamos la luz interior, sabemos que somos seres hermosos, uno con nuestro Creador, perfectos en todos los sentidos, y nada fuera de nosotros podrá extinguir esta luz interior.

La luz de la belleza no solo está en los ojos del que mira, sino también en nuestro ojo espiritual, si somos capaces de contemplarla dentro de nosotros mismos.

Los caminos hacia Dios son muchos y variados, pero sea cual sea el camino que tomemos, debemos hacerlo nuestro. Debemos ser persistentes y pacientes, y no dejarnos seducir por el camino de otro, que puede parecer más rápido, pero en realidad no lo es.

Si somos egoístas, no pasa nada, siempre y cuando solo seamos egoístas en la búsqueda del camino hacia la comunión con Dios.

Cuando estamos tranquilos y nos adaptamos al cambio sin culpar a nadie, poseemos el billete para ascender con la ascensión.

La ascensión es inevitable siempre y cuando sigamos cuestionándonos nuestra razón de ser y mantengamos así nuestro deseo de saber por qué y cómo se creó nuestro universo.

La meditación es la capacidad de concentrarse al 100 % en Dios y, como resultado, tomar conciencia de la presencia de Dios.

El miedo es la barrera que utiliza el ego para impedirnos la comunión con Dios, ya que la comunión con Dios conlleva la pérdida del ego.

¿Por qué temer aquello de lo que formamos parte? Dios nos ama porque somos parte de Él. Como somos parte de Dios, somos amados por Él y podemos experimentarlo. Sin embargo, solo podemos experimentar a Dios mirando hacia nuestro interior y permaneciendo en silencio y quietud.

En la búsqueda de la unidad con Dios, primero debemos abrir la puerta del corazón. Solo entonces Dios cruzará el umbral.

Nuestra razón de ser es despertar en Dios, conocer a Dios, ser uno con Dios y ser Dios mientras estamos encarnados, una tarea sencilla que nos resulta tan difícil de lograr al sucumbir a nuestros deseos físicos.

En el silencio se puede encontrar a Dios; en Dios se puede encontrar el silencio, el silencio de la alegría de conocer a Dios.

Algunos eligen despertar cómodamente. Otros eligen despertar incómodamente. La aceptación es la receta para despertar cómodamente; la resistencia crea incomodidad.

Lo que ve el ojo físico no es más que un microcosmos dentro de otro microcosmos dentro de otro microcosmos. No es la realidad auténtica, ya que lo físico es una creación de nuestra Entidad Fuente, nuestro Dios, para permitirnos experimentar los detalles más minuciosos de lo que ha sido creado, el multiverso en el que existimos con el propósito de evolucionar. Si abriéramos los ojos, veríamos más allá de la fachada que lo separa del resto de la creatividad.

Para abrir los ojos debemos ser meticulosos en aprender a meditar, a buscar la verdad, a renunciar a lo que parece ser real, a ser inquebrantables en nuestro deseo de ser parte de la realidad mayor, a evitar quedar atrapados en el teatro de la existencia en lo físico, a perdonar y olvidar, a ayudar sin expectativas, a existir en amor y armonía, a "SER" lo que "SOMOS", a " UNO" con nuestro "Creador".

¿Por qué deberíamos conformarnos con la consciencia en lo físico cuando podemos comunicarnos con Dios y alcanzar la consciencia cósmica?

No hay separación. Somos uno con Dios, y Dios es uno con nosotros. ¿Por qué buscar en el exterior lo que siempre está dentro?

¿Por qué posponemos contactar con Dios hoy en lugar de mañana, cuando podemos hacerlo hoy, mañana y pasado mañana...?

# Evitando el Karma

Dios nos juzga por nuestras acciones, no por nuestras palabras, así que cuando decimos que vamos a meditar sobre Dios, ¡debemos HACERLO! Y ser recompensados con la comunión con Dios y no con el "pensamiento" de la comunión con Dios.

¡Abraza aquello que está dentro de ti: Dios!

La física espiritual es la comprensión de la existencia del conocimiento que está "más allá" del conocimiento.

Evitando el Karma

Mientras estamos en lo físico, la realidad es, en esencia, aquello que "creemos saber", pero que en última instancia "sabremos" cuando lo traduzcamos de nuevo a lo energético.

Es sensato preguntarnos qué es la realidad. No es la necesidad mundana de despertarse, trabajar, comer, dormir y ser mejor que los demás.

El perdón es el mayor regalo que Dios nos ha dado. Debe ser incondicional e instantáneo.

# Evitando el Karma

La negatividad debe verse como una oportunidad para crear positividad.

Para adentrarnos en el multiverso mientras estamos encarnados, debemos reconocer el universo físico por lo que es y por lo que no es.

"No es" la verdadera realidad; "es" una oportunidad para la evolución individual.

"No es" el principio y el fin, ni la oportunidad de ser el perro que se comió al perro; "es" ser el perro que amó al perro y compartió sus restos de comida en igualdad.

El universo físico no es más que un teatro, una obra que hemos creado, una oportunidad para esforzarnos por recordar nuestras líneas y nuestras acciones cuando nos enfrentamos a las experiencias que hemos elegido. Por esta razón, todo lo que hacemos está dentro de la obra, una obra que se manifiesta en el teatro llamado Tierra.

Evitando el Karma

Debemos ser exigentes con nuestro trabajo y aceptar solo aquello que nos resuena como verdad. Hay muchos textos espirituales escritos por el ego o que siguen la corriente en lugar de provenir de la fuente de la verdad. Debemos aceptar aquello que nos resuena como correcto.

Hoy en día, muchos maestros presentan la misma información de diferentes maneras. Esto es necesario porque todos estamos en diferentes niveles de evolución y despertar. Y lo que es más importante, todos aprendemos de diferentes maneras, absorbiendo y conociendo a través de la experiencia. Así que lo que para una persona puede ser espiritualismo de jardín de infancia, para otra puede ser espiritualismo elevado. La ascensión es, por lo tanto, para todos nosotros.

Tratar de comprender dónde nos encontramos en comparación con otra persona no es una buena práctica, ya que introduce celos o ego.

# Evitando el Karma

Las fechas son un gran nombre inapropiado, ya que nos confunden cuando no ocurre nada perceptible que pueda atribuirse a la fecha. Sin embargo, pueden utilizarse como un hito para indicar que nosotros (colectivamente) deberíamos haber alcanzado un cierto nivel de frecuencia.

ESTAMOS ascendiendo a través de las frecuencias a un ritmo sostenible y robusto, que nos permitirá sufrir pequeños contratiempos sin afectar a nuestro proceso general de ascensión. La ascensión vertiginosa que desean la mayoría de los espiritualistas no es óptima, ni sostenible, ya que es tan fácil descender como ascender en las frecuencias. Con un gran salto, la caída puede ser igual de grande.

Si todos somos uno, ¿cómo podemos ser singulares? Si todos somos singulares, ¿cómo podemos ser todos uno?

La respuesta es que todos somos la totalidad colectiva de la entidad que llamamos Dios.

## Ecuación Mental de la Fisicalidad a lo Energético/Superconsciente

Físico (yo encarnado) menos la mente consciente menos la mente subconsciente es igual a la mente superconsciente o energética.

$$\text{Es decir, } ((F - MC) - MS) = MSC/E$$

o

$$((\text{Físico} - \text{Mente Consciente}) - \text{Mente Subconsciente}) = \text{Mente Superconsciente/Energética}$$

# Sobre el Autor

Guy Needler MBA, MSc, CEng, MIET, MCMA se formó inicialmente como ingeniero mecánico y progresó rápidamente hasta convertirse en ingeniero eléctrico y electrónico colegiado. Sin embargo, a lo largo de esta formación terrenal siempre fue consciente de que la gran realidad que le rodeaba, vislumbrando los mundos del espíritu. Por ello, desde su adolescencia hasta los veinte años, se deleitó con los textos espirituales de la época y meditó a diario. Posteriormente, sus guías le indicaron que se centrara en su contribución terrenal durante un tiempo, y redujo la intensidad del trabajo espiritual hasta finales de la treintena, cuando volvió a despertar a sus funciones espirituales. En los seis años siguientes obtuvo su formación como Maestro de Reiki y se comprometió durante cuatro años a aprender técnicas de terapia energética y vibracional con una alumna directa de la Barbara Brennan School of HealingTM, que también incluía un curso de desarrollo personal (que incluía psicoterapia) como prerrequisito, utilizando la metodología PathworkTM descrita

Evitando el Karma
por Susan Thesenga y otras metodologías de Donovan Thesenga, John y Eva Pierrakos. Su formación y experiencia en terapias energéticas le han llevado a ser miembro de la Asociación Médica Complementaria (MCMA - 2510052).

Junto con sus habilidades de sanación, sus asociaciones espirituales incluyen la capacidad de canalizar información del espíritu, incluyendo el contacto constante con otras entidades dentro de nuestro multiverso y su ser superior y guías. Es la canalización que dio lugar a La historia de Dios, Más allá de La Fuente - libros 1 y 2, Evitando el Karma, El Origen Habla, Los diálogos de Anne y Los Conservadores. Sigue produciendo más obras.

Como método de enraizamiento Guy practica ciclismo, practica y enseña Aikido. Es un 6 Dan Entrenador Nacional con más de 38 años de experiencia y actualmente está trabajando en el uso de la energía espiritual dentro de la parte física del arte.

Guy acepta preguntas sobre el tema de la física espiritual y sobre quién y qué es Dios.

Página de internet: www.guystevenneedler.com
O un correo electrónico a beyondthesource@btinternet.com

# Other Books by Ozark Mountain Publishing, Inc.

**Dolores Cannon**
A Soul Remembers Hiroshima
Between Death and Life
Conversations with Nostradamus,
  Volume I, II, III
The Convoluted Universe -Book One,
  Two, Three, Four, Five
The Custodians
Five Lives Remembered
Horns of the Goddess
Jesus and the Essenes
Keepers of the Garden
Legacy from the Stars
The Legend of Starcrash
The Search for Hidden Sacred
  Knowledge
They Walked with Jesus
The Three Waves of Volunteers and the
  New Earth
A Very Special Friend
**Aron Abrahamsen**
Holiday in Heaven
**James Ream Adams**
Little Steps
**Justine Alessi & M. E. McMillan**
Rebirth of the Oracle
**Kathryn Andries**
Time: The Second Secret
**Will Alexander**
Call Me Jonah
**Cat Baldwin**
Divine Gifts of Healing
The Forgiveness Workshop
**Penny Barron**
The Oracle of UR
The Oracle of UR, Book 2
**P.E. Berg & Amanda Hemmingsen**
The Birthmark Scar
The Birthmark Scar, Book 2
**Dan Bird**
Finding Your Way in the Spiritual Age
Waking Up in the Spiritual Age
**Julia Cannon**
Soul Speak – The Language of Your
  Body
**Jack Cauley**
Journey for Life
**Ronald Chapman**
Seeing True
**Jack Churchward**
Lifting the Veil on the Lost
  Continent of Mu
The Stone Tablets of Mu

**Carolyn Greer Daly**
Opening to Fullness of Spirit
**Patrick De Haan**
The Alien Handbook
**Paulinne Delcour-Min**
Cosmic Crystals!
Divine Fire
Holly Ice
Spiritual Gold
**Anthony DeNino**
The Power of Giving and Gratitude
**Joanne DiMaggio**
Edgar Cayce and the Unfulfilled
  Destiny of Thomas Jefferson
Reborn
**Paul Fisher**
Like a River to the Sea
**Anita Holmes**
Twidders
**Aaron Hoopes**
Reconnecting to the Earth
**Edin Huskovic**
God is a Woman
**Patricia Irvine**
In Light and In Shade
**Kevin Killen**
Ghosts and Me
**Susan Linville**
Blessings from Agnes
**Donna Lynn**
From Fear to Love
**Curt Melliger**
Heaven Here on Earth
Where the Weeds Grow
**Henry Michaelson**
And Jesus Said – A Conversation
**Andy Myers**
Not Your Average Angel Book
**Holly Nadler**
The Hobo Diaries
**Guy Needler**
The Anne Dialogues
Avoiding Karma
Beyond the Origin
Beyond the Source – Book 1, Book 2
The Curators
The History of God
The OM
The Origin Speaks
Psycho Spiritual Healing
**Kelly Nicholson**
Ethel Marie

For more information about any of the above titles, soon to be released titles,
or other items in our catalog, write, phone or visit our website:
PO Box 754, Huntsville, AR 72740|479-738-2348/800-935-0045|www.ozarkmt.com

# Other Books by Ozark Mountain Publishing, Inc.

**James Nussbaumer**
And Then I Knew My Abundance
Each of You
Living Your Dram, Not Someone Else's
The Master of Everything
Mastering Your Own Spiritual Freedom
**Sherry O'Brian**
Peaks and Valley's
**Gabrielle Orr**
Akashic Records: One True Love
Let Miracles Happen
**Nick Osborne**
A Ronin's Tale
**Nikki Pattillo**
Children of the Stars
A Golden Compass
**Victoria Pendragon**
Being In A Body
Sleep Magic
The Sleeping Phoenix
**Alexander Quinn**
Starseeds What's It All About
**Debra Rayburn**
Let's Get Natural with Herbs
**Charmian Redwood**
A New Earth Rising
Coming Home to Lemuria
**David Rousseau**
Beyond Our World, Book 1
Beyond Our World, Book 2
**Richard Rowe**
Exploring the Divine Library
Imagining the Unimaginable
**Garnet Schulhauser**
Dance of Eternal Rapture
Dance of Heavenly Bliss
Dancing Forever with Spirit
Dancing on a Stamp
Dancing with Angels in Heaven
**Annie Stillwater Gray**
The Dawn Book
Education of a Guardian Angel
Joys of a Guardian Angel
Work of a Guardian Angel

**Manuella Stoerzer**
Headless Chicken
**Blair Styra**
Don't Change the Channel
Who Catharted
**Natalie Sudman**
Application of Impossible Things
**L.R. Sumpter**
Judy's Story
The Old is New
We Are the Creators
**Artur Tradevosyan**
Croton
Croton II
**Jim Thomas**
Tales from the Trance
**Jolene and Jason Tierney**
A Quest of Transcendence
**Paul Travers**
Dancing with the Mountains
**Nicholas Vesey**
Living the Life-Force
**Dennis Wheatley/ Maria Wheatley**
The Essential Dowsing Guide
**Maria Wheatley**
Druidic Soul Star Astrology
**Sherry Wilde**
The Forgotten Promise
**Lyn Willmott**
A Small Book of Comfort
Beyond all Boundaries Book 1
Beyond all Boundaries Book 2
Beyond all Boundaries Book 3
**D. Arthur Wilson**
You Selfish Bastard
**Stuart Wilson & Joanna Prentis**
Atlantis and the New Consciousness
Beyond Limitations
The Essenes -Children of the Light
The Magdalene Version
Power of the Magdalene
**Sally Wolf**
Life of a Military Psychologist

For more information about any of the above titles, soon to be released titles, or other items in our catalog, write, phone or visit our website:
PO Box 754, Huntsville, AR 72740|479-738-2348/800-935-0045|www.ozarkmt.com

www.ingramcontent.com/pod-product-compliance
Lightning Source LLC
Chambersburg PA
CBHW061448040426
42450CB00007B/1272